Stefan Schomann
Lesereise China

Stefan Schomann

Lesereise China

Streifzüge durch ein Weltreich

Picus Verlag Wien

献给 吴辉
für Wu Hui

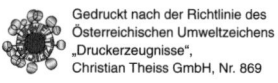

Copyright © 2017 Picus Verlag Ges.m.b.H., Wien
Alle Rechte vorbehalten
Grafische Gestaltung: Dorothea Löcker, Wien
Umschlagabbildung:
© mauritius images / Axiom Photographic / Luis Martinez
Druck und Verarbeitung:
Christian Theiss GmbH., St. Stefan im Lavanttal
ISBN 978-3-7117-1081-9

Informationen über das aktuelle Programm
des Picus Verlags und Veranstaltungen unter
www.picus.at

Inhalt

Solch ein Gewimmel möcht ich sehn
Prolog in Peking 9

Vom Zauber des Erzählens
Das Festival der Geschichtenerzähler in Henan 16

Tai-Ski!
Wintersport in Chinesisch-Sibirien 27

Das Land am Strom
Eine epische Fahrt auf dem Jangtsekiang 38

Der Kampf der Könige
Akrobaten in Hunan 54

Die Seidenstraße auf Schienen
Zwischen Orient und Fernem Osten 65

Begegnung mit der dritten Art
Auf Naturwallfahrt in Yunnan 81

Heilige Pferde und singender Sand
Entdeckungen in der Inneren Mongolei 93

Die Reise nach Shanxi
Auf der Suche nach dem »wahren China« 102

Zurück in die Zukunft
Mythos Schanghai 114

Danksagung 132

*Und doch muß man China als ein
unverstandenes, fast möchte man sagen
unbekanntes Land bezeichnen.*
FERDINAND FREIHERR VON RICHTHOFEN

Solch ein Gewimmel möcht ich sehn

Prolog in Peking

Im Westbahnhof, dem Xi Ke Zhan, schlägt das Herz des ganzen Reiches. Ob die Züge in die Vorstädte fahren oder bis Hongkong, ob sie aus Xi'an kommen oder aus Sichuan, stets sind sie voll. Auch im Bahnhof selbst herrscht unaufhörliches Gedränge. Na ja, werden Sie sagen, am Hamburger Hauptbahnhof geht's auch ganz schön zu. Doch verglichen mit dem Xi Ke Zhan ist der eine Idylle. Wenn alle Hamburger zur gleichen Zeit den Hauptbahnhof stürmen würden, dann bekämen Sie vielleicht eine Ahnung von den Zuständen im Xi Ke Zhan.

Am Eingang (*ru kou*) und am Ausgang (*chu kou*) verklumpen die Menschenströme zu einer zähen Masse. In aller Regel geht es dabei manierlich zu. Die Chinesen sind keine Rüpel, nur flink, energisch und eben ganz außerordentlich zahlreich. »Ladies first«, lassen Sie einer eingekeilten Dame den Vortritt – und schon haben Sie dreißig weitere Leute vor sich: Männer, Frauen, Kinder, Koffer und Kartons. Kavaliere kommen in Peking nicht weit. Warten Sie nicht, bis eine Lücke sich öffnet. Wenn Sie sie sehen, ist es zu spät. Der Lücke zuvorzukommen, darin besteht die Kunst.

Jeder Wartesaal hier besitzt die Ausmaße einer Basilika. Es gibt reichlich Sitzplätze, nur werden Sie nie einen bekommen. Falls doch, warten Sie vermutlich im falschen Saal, oder Ihr Zug ist bereits abgefahren. Dem Gedränge am Boden entspricht das Gedränge auf der Anzeigetafel. Schulter an Schulter reihen die Zeichen sich aneinander, Riegel aus roten Schriftsymbolen, undeutbar für die meisten Besucher aus dem Fernen Westen. Einzig die Ziffern bieten dem Auge Halt. 3871! Sie begrüßen sie wie alte Freunde. Vor allem dann, wenn sie mit den Zahlen auf Ihrem Fahrschein übereinstimmen. Doch Sie brauchen gar nicht wegzufahren, um hier Ihre erste Initiation zu erleben. Mischen Sie sich einfach nur unters Volk. Das Bad in der Menge wird Ihre Taufe sein.

Vom Bahnhof aus können Sie dann mit einem der vielen, vielen Taxis zu einer der vielen, vielen Sehenswürdigkeiten fahren. Deren größte und erstaunlichste der Pekinger Verkehr selbst darstellt. Hier erwartet Sie die zweite Initiation. Ihr Chauffeur, auf den ersten Blick ein unscheinbarer Typ mit Lederjacke und kariertem Hemd, entpuppt sich als Großmeister seiner Kunst. Wie alle chinesischen Autofahrer verfügt er über serienmäßigen Rundumblick und den gleichen Lückeninstinkt, der bereits die Fußgänger im Bahnhof auszeichnete.

Als echter Taxifahrer lauscht er gern Hörspielen und Geschichtenerzählern im Radio. Sie nehmen seine ganze Aufmerksamkeit in Anspruch; am Verkehr nimmt er eher unbewusst teil. Wofür hat er seinen Wagen? Einen Akrobaten auf Rädern! Anders ist es nicht zu erklären, dass er der Zangenbewegung der heranbrausenden Konkurrenz ein ums andere Mal entwischt, dass er andere Fahrzeuge niemals rammt, auch wenn diese ihm noch so brüsk den Weg abschneiden, dass er sich sagenhaft dünn zu machen versteht, um seine Kontrahenten in unmöglichen Winkeln zu umkurven, und sich im nächsten Moment sagenhaft breit macht, um von möglichst wenig anderen selbst umkurvt zu werden. So kommen Sie ganz gut voran. Zumindest bis zur nächsten Kreuzung. Dort verkeilen sich alle, als spielten sie Rugby. Aber es dauert keine zehn Minuten – zehn kurzweilige Minuten, in denen Sie Ihrerseits den Geschichten im Radio lauschen oder die Taxifahrerzeitschrift durchblättern, die wie im Flugzeug in einem Futteral hinter dem Beifahrersitz steckt –, und dann spuckt dieser Mahlstrom Ihr Taxi wieder aus.

Manchmal kann es vorkommen, dass ein hochfrequentes Sirren im Wagen Sie irritiert. Sprechen Sie den Fahrer ruhig darauf an. Doch erschrecken Sie nicht, wenn er dann ein Marmeladenglas aus der Jackentasche zieht, aus dem eine fette Grille Sie anstarrt. Ein Vieh, so groß wie ein Spatz, mit Fühlern lang wie Angelruten. Auf Chinesisch heißt sie *Qu-Qur*. Sie zirpt so durchdringend, als wollte sie sich bis in die Gobi hinein Gehör verschaffen. Hundert Tage nur hat sie zu leben, die will sie nicht stumm verplempern. Jeden Morgen füttert ihr Besitzer sie mit Lammfleisch und Karotten. Bei dem sich nun entspinnenden Fachgespräch über die Grillen von Grillenhaltern verblüfft er Sie durch seinen musikalischen Sachverstand. Am schönsten sei der Mezzosopran, schwärmt er, zwar hoch, aber eben nicht zu hoch, lediglich hell und mit sattem Timbre. Bei jedem Flügelreiben müssten die Obertöne hörbar werden. Mit verschwörerischer Mine vertraut er Ihnen dann noch an, dass Grillen der Zeitvertreib der

Pekinger Aristokratie gewesen seien. Womit er zugleich eine eigene Abstammung aus diesen Kreisen suggeriert. Die *Qu-Qur* in seiner Jackentasche habe fünfzig Yuan gekostet, etwa sieben Euro. Es gebe aber auch Primadonnen für zehntausend Yuan.

Während sie zirpt und zirpt und zirpt, fährt ihr stolzer, vom Zauber der hohen Frequenzen beflügelter Besitzer Sie in einen *Hutong*, eine jener von Wohnhöfen gesäumten Gassen, die zunehmend der Hochhausbebauung weichen müssen. Dort wird Ihnen die dritte Initiation zuteil: in Pekings meteorologische Mysterien. Schlendern Sie einfach durch die Gassen und halten Sie Ausschau nach einer Fahrradwerkstatt. Die liegen für gewöhnlich unter freiem Himmel, weshalb Fahrradmechaniker gute Wetterkundler sind. Die Werkstatt von Meister Liu besteht in erster Linie aus Meister Liu. Hinzu kommen ein Werkzeugkasten und eine rote, mit Ölflecken gesprenkelte Matte am Rand der Gasse. Autowerkstätten unterscheiden sich davon lediglich durch die größeren Werkzeuge. Nachbar Zhang hat ein lädiertes Fahrrad vorbeigebracht, Meister Liu repariert es und Nachbar Jiang schaut beiden zu. Wie immer im Sommer hat er sich sein Schemelchen gegriffen und nach draußen gesetzt, weil es drinnen zu heiß ist. Seit dreißig, vierzig Jahren leben diese drei Herren hier erstaunlich standorttreu. Sie gehen, typisch für das alte Peking, im Unterhemd und mit schlurfenden Schlappen aus, ganz wandelnde Gelassenheit. Und sind so tadellos schlank, wie man es wohl nur durch die Verbindung von richtiger Ernährung und regelmäßigem Rauchen wird.

»Habt ihr die Berge gesehen?«, fragt Herr Zhang staunend. Obwohl die Hügelkette im Westen noch innerhalb der Stadtgrenzen liegt, sah man sie früher, der dicken Luft wegen, nur selten. Seit den Olympischen Spielen aber, als zahlreiche Maßnahmen zur Verbesserung der Luft und der Lebensqualität getroffen wurden, zeichnen zumindest ihre Silhouetten sich öfter ab.

»Der Mond ist auch wieder da!«, freut sich Herr Liu, die Fluppe im Mundwinkel, ein kleines Handtuch als Schweißfänger um den Hals. »Den hat man lange nicht gesehen.« Tatsächlich war das womöglich der größte Spezialeffekt der Olympia-Regisseure: dass sie den Mond wieder zum Vorschein brachten. Drall und gelb wie ein Lampion prangt er nun wieder über der Stadt. »Fehlen nur noch die Sterne«, schaltet Herr Jiang sich ein. »Aber ob wir die noch mal erblicken werden?«

Früher habe es mehr geregnet und geschneit, gibt Meister Liu zu Protokoll, Peking sei heißer, wüstenhafter geworden. »Daran sind die Klimaanlagen schuld«, meint Jiang. Mit ihrer Abluft heizen sie die Stadt zusätzlich auf, von all den anderen elektrischen Geräten gar nicht zu reden. In seiner Jugend seien nur wenige Nächte so schwül gewesen, dass man nicht hätte schlafen können. Bis in die achtziger Jahre sorgten allein große Fächer aus Bananenblättern für Kühlung. In den Neunzigern erst kamen Ventilatoren auf und dann die heute allgegenwärtigen Klimaanlagen. Nur die Bewohner der spartanischen *Hutongs* müssen ohne sie zurechtkommen; sie verfügen auch lediglich über Gemeinschaftstoiletten für die ganze Gasse.

Oft hängt tagelang ein chinchillagrauer Wolkenpelz über der Stadt, als wäre eine Zwischendecke eingezogen worden. Dies hat jedoch weniger mit Umweltverschmutzung als mit Geografie zu tun, und die ist bekanntlich Schicksal. Peking liegt am Nordrand einer subtropischen Zone, die durch ein extremes Ostseitenklima geprägt ist. Im Sommer heizt sich die asiatische Landmasse stark auf, sodass über der Küste ein Hitzetief entsteht, in das Monsunwinde einströmen. Eine alles durchdringende, alles beherrschende Schwüle regiert dann die Stadt. In der Tat stellt der ewig verhangene Himmel einen der gravierendsten Gründe gegen ein Leben in China dar, neben der Tatsache, dass die Leute hier allen Ernstes warmes Wasser trinken, und dass es keinen Frühstücksquark gibt. Die Luftverschmutzung kommt erschwerend hinzu, und sie kann apokalyptische Ausmaße annehmen, aber man darf dabei nicht ohne Weiteres dem Augenschein vertrauen. Den amtlichen Messwerten freilich auch nur bedingt. Schließen wir uns Meister Lius unergründlicher asiatischer Weisheit an: »Es könnte besser sein; es könnte schlechter sein.«

Weiter geht die Fahrt zu den klassischen Attraktionen, zum Kaiserpalast und zum Himmelsaltar, zu den wuchtigen Stadttoren und den wimmelnden Einkaufsmeilen, in die rauchgeschwängerten Tempel und die rauchfreien olympischen Stätten. So viele Menschen Sie dort auch antreffen, aus Peking kommen die wenigsten. Die nämlich, so scheint es, besuchen fast alle eine andere Attraktion: den Tu Shu Da Sha, einen Buchladen im Zentrum. Doch was heißt Laden? Ein Buchpalast ist's, ein Tempel des Weltwissens. In flauen Zeiten zählt er sechzigtausend Kunden, in bewegten bis zu hunderttausend. Nicht etwa im Monat, nein, Tag für Tag. Ein ganzes Olympiastadion voller Leser! Das wäre dann Ihre vierte Initiation: Chinesen sind Weltmeister der Wissbegier.

Dort, in dieser wahren Halle des Volkes, kaufen Sie sich eine Postkarte. Die mit dem Pandabären im Bambuswald. Wie ein pelziger Buddha sitzt er da, ruhig, gedankenverloren und – ganz allein. Er muss wohl auf einem anderen Planeten leben.

Vom Zauber des Erzählens

Das Festival der Geschichtenerzähler in Henan

Als Erster macht Yang Wan-shan sich auf den Weg. Die Busfahrt nach Ma Jie würde siebzig Yuan kosten, rund zehn Euro, doch so viel hat er nicht. Also verabschiedet er sich von seiner Mutter, mit der er seit sechsundfünfzig Jahren lebt, schwingt sich auf sein Fahrrad Marke »Fliegender Adler« – mit Abstand das älteste im Dorf, alle wundern sich, dass es noch fährt – und strampelt sieben Wintertage lang durch Henan. All seine Kleidung trägt er am Leib, die Trommel baumelt unter der Querstange. Er schläft bei Bauersfamilien, denen er, statt Quartiergeld zu zahlen, eine Privatvorstellung gibt.

Yang ist selbst Bauer, wenngleich sein schmales Feld kaum etwas abwirft. Außerdem zieht er als Geschichtenerzähler über die Dörfer, doch auch damit reüssiert er selten. Er versteht sich nicht recht auf die Pflichtforderungen des Lebens. Umso mehr versteht er von Begeisterung. Beim größten Fest seiner Zunft anzutreten, das lässt er sich nicht nehmen. Vielleicht heuert ihn ja hinterher jemand für einen Auftritt an, dann kann er doch noch was verdienen.

Als Nächster bricht Lin Feng-cheng auf. Zwei Tage braucht er mit der Bahn von Harbin in der Mandschurei. Gewissenhaft dreht er den Schlüssel im Schloss, seine Wohnung im zweiunddreißigsten Stock steht voller Antiquitäten. Auch er ist

Geschichtenerzähler, einer der gefragtesten im Land. Er tritt regelmäßig im Radio auf, und jeden Samstag glänzt er als Zugnummer einer Theaterrevue. Lin entstammt einer alten Künstlerfamilie, schon die Großmutter war Akrobatin. Die Eltern führten ein Opernensemble, bis die Roten Garden während der Kulturrevolution alle Kostüme und Instrumente zerstörten und die Lebensgrundlage der Familie dazu. Woraufhin der damals zehnjährige Knirps sein Talent auf der Straße zur Schau stellte, um etwas Geld zu verdienen. Vielleicht ist er auch deshalb dermaßen erfolgreich, weil er so die Schmach der Eltern tilgen kann.

Am Vortag folgt dann auch Meister Li, Li Zhantu mit vollem Namen, ein Veteran des Festivals. Für drei Stunden Fahrt besteigt er in Luoyang den Schnellzug nach Schanghai. Die Strecke führt durch kleinkariertes Ackerland, beherrscht von Kraftwerken und Strommasten. Eine scheue Sonne glimmt durch den Dunst.

Die letzten Tage des Neujahrsfestes stehen an. Nur im Liegewagen hat Li noch einen Platz ergattert. Die Reisenden stapeln sich dort wie in Hochregalen; schnell kommt er mit ihnen ins Gespräch. Und beklagt das schwere Los seines Standes. Im Teehaus, wo er viele Jahre aufgetreten ist, da wollen sie ihn nicht mehr. Hübsche Mädchen sind beliebter, selbst wenn es bei ihnen nur zum Fächertanz reicht. Was hilft es da, dass die Kulturbehörde ihm den Titel eines Großmeisters verliehen hat. Davon, räsoniert Herr Li, kann er sich nichts kaufen. Dann nickt er ein.

Als eine der Letzten macht Zhao Tao sich auf den Weg. Auf ihrem Moped braust sie bei Tagesanbruch in anderthalb Stunden nach Ma Jie. Mit vierzig zählt sie noch zur jungen Garde. Der rote Schopf, die prallen Stiefel, die stramme Erscheinung – sie könnte selbst einer ihrer Geschichten entsprungen sein, die Anführerin einer verwegenen Truppe, leichte Kavallerie.

Am Busbahnhof von Baofeng gewahrt sie am Straßenrand einen Kollegen. Sie hat ihn noch nie gesehen, doch die Silhouette ist unverkennbar: die raumgreifenden Armbewegungen, wie sie vom *Tai-Chi* vertraut sind, die drastische Mimik, die hochgezogenen Brauen. Zwei halbmondförmige Messingscheiben tanzen in der erhobenen Hand, tikitikitik, immer klimpern, immer klappern, damit die Leute aufmerken. Shen Zhen-zhu ist am Vorabend aus Qingdao eingeflogen; sein Rollkoffer steht neben ihm. Auf dem Weg zum Festgelände vollführt er nun einen Probelauf, ob man ihn hier hinreichend versteht. Deshalb spricht er Hochchinesisch und nicht wie sonst die heimatliche Mundart der Provinz Shandong. Von dort stammt auch seine Geschichte: Wu Songs Kampf mit dem Tiger! Tikitikitik!

Resolut biegt Zhao Tao schließlich auf die Stichstraße ein. Das Festival findet auf einem riesigen Acker statt. Über Nacht ist etwas Schnee gefallen, das Weizenfeld wirkt wie mit Mehl bestäubt. Zwei tolle Tage wird es nun zu Chinas größter Bühne.

Töffelnde Lastendreiräder und Motorrikschas, schnaubende Zubringerbusse, Kolonnen von Radfahrern und Scharen herbeiströmender Schaulustiger verklumpen zu einem zähflüssigen Brei. Spillerige Pappeln säumen die Straße, dazu ein

Spalier aus dampfenden Garküchen und improvisierten Verkaufsständen, an denen fliegende Händler Waschschüsseln, Wundertees und Heizstrahler feilbieten. Als Zhao vor fünfzehn Jahren das erste Mal teilnahm, standen neben den Tischen der Erzähler nur eine Handvoll Imbisswagen auf dem Feld. Inzwischen ist ein riesiger Jahrmarkt daraus geworden, mit Bühnen und Zirkuszelten, Fressmeilen und Fahrgeschäften. Doch allein dafür käme niemand nach Ma Jie. Nein, all diese Leute hungern nach Geschichten. Es ist ein Zug profaner Pilger, die nicht beten, sondern lauschen wollen.

Tatsächlich entstammt das Fest der spirituellen Sphäre. Der örtliche Tempel war dem daoistischen Feuergott geweiht. Wo ein Tempel steht, kommen Leute zusammen. Und wo Leute zusammenkommen, erzählen sie Geschichten. Nur dass diese uralte Passion sich hier zum Gipfeltreffen eines Berufsstands entwickelt hat. Erste Berichte über einen Sängerwettstreit reichen siebenhundert Jahre zurück. Und als 1863 jeder Künstler aufgefordert wurde, der Gottheit einen Groschen zu stiften, zählte man hinterher zweitausendsiebenhundert Münzen.

Mit sechs Armen schwingt der Feuergott Zepter und Schwerter; der knallrosa Kopf lässt Bluthochdruck befürchten. Seine derbe Erscheinung kontrastiert mit den eleganten blauschwarzen Roben des Priesters und seiner Helfer. Das Publikum dagegen hüllt sich prosaisch in wattierte Jacken und alte Militärmäntel.

Zwei muskulöse Männer dreschen auf Kriegstrommeln vom Kaliber eines Traktorreifens ein. In beschwingter Polonaise umrunden die Helfer den Vorplatz, scheppern und schallen mit Becken, Gongs und Zimbeln. Dazu feuern sie salvenweise Böller ab. Radau gilt in China als Ausweis von Geselligkeit. Und so legen die Musiker sich ins Zeug, als sollte man sie bis nach Peking hören.

Früher fand diese Zeremonie im Morgengrauen statt. Wacht auf! Kommt herbei! Sobald der erste Krähenschrei ertönte, begannen die Sänger mit ihren Darbietungen. Redet, wie euch der Schnabel gewachsen ist! Doch wer auf freiem Feld antritt, hat heute Mühe, sich Gehör zu verschaffen. Neben dem Gedudel der Karussells und den Tiraden der Marktschreier, Wahrsager und Losverkäufer beschallen auch die großen Bühnen unablässig das Gelände. Wer hingegen, wie Shen Zhen-zhu, von der mächtigen Volkskunstvereinigung entsandt worden ist, darf selbst eine dieser Bühnen bespielen. Er nestelt noch an seinem Bügelmikrofon, entert dann entschlossen die Rampe und legt los: »Wu Song, der Geächtete, will nach Hause.« Tikitikitik! Und schon beißen die Leute an. Wu Song ist eine populäre Gestalt, die Story mit dem Tiger ein Evergreen.

Da kehrt der Held in einer Taverne ein. Der Wirt mahnt zur Mäßigung: drei Schalen Wein, und du bist blau. Wu Song schlürft achtzehn davon leer. Dann warnt der Wirt ihn vor einem umherstreifenden Tiger. Tikitikitik! Doch Wu schlägt seinen Rat in den Wind und zieht in die Berge. Wo sich der Tiger über die leichte Beute freut – dann aber sein blaues Wunder erlebt, als der betrunkene Wanderer ihn zum Zweikampf stellt.

In der taillierten roten Jacke mit Stehkragen gibt Shen eine weltgewandte Erscheinung ab. Dreihundert Schaulustige hängen an seinen Lippen. Scheinbar mühelos spielt er alle Rollen gleichzeitig: den Helden, den Wirt, den Tiger. Dreißig Jahre jung und im Brotberuf Volksschullehrer, deklamiert er lautmalerisch und einprägsam – so, wie man Kindern ein Märchen erzählt. Stellt euch vor: Wu Song packt den Tiger am Schwanz! Und das ist das Geheimnis von Ma Jie: dass es in allen Zuhörern die Kindheit wieder wachruft, und damit auch die eigene Geschichte.

Unten in der Menge hat Meister Li seinen Stand aufgeschlagen. Ein befreundeter Taxifahrer begleitet ihn auf der San Hu, einer dreisaitigen, immer etwas winselnden Geige. Wie die meisten Erzähler aus Henan benutzt er statt der Metallscheiben zwei hölzerne Stäbe, mit deren kastagnettenartigem Tremolo er ein ganzes Dorf zusammentrommeln kann. Takatakatak, immer klappern, immer klopfen, alle mal herhören, unsere Geschichte beginnt: Die Han-Dynastie macht schwere Zeiten durch, als General Guan Yu sich in den Sattel schwingt … Dreißig Zuschauer scharen sich um ihn. Dass es mit der Han-Dynastie bereits vor achtzehnhundert Jahren zu Ende ging, spielt keine Rolle. Li erzählt so plastisch, als wäre der General noch letzte Woche durch Ma Jie getrabt. Guan Yu verkörpert Gerechtigkeit und Mut. Wie der europäische Bänkelsang befleißigt sich auch das chinesische Pendant sittlicher Belehrung. Und die Moral von der Geschicht: Breche keine Regeln nicht. Taktarak, taktarak, taktarakatak!

Etwas weiter hat sich Yang Wan-shan postiert. Tischchen hat er keines, schon gar keinen Lautsprecher. Weshalb er stoisch darauf wartet, dass zumindest auf der nächstgelegenen Bühne die Mittagspause eintritt. Endlich geht der letzte Kandidat ab – Lin Feng-cheng, der Vollblutkünstler. Als einer der wenigen läuft er barhäuptig herum, obwohl er eine Glatze hat. Doch ihm erscheinen die hiesigen Temperaturen fast frühlingshaft. Linde null Grad; in Harbin herrschen minus zwanzig.

Als keiner mehr nachkommt, setzt Yang zu seinem Paradestück an, der Goldenen Turteltaube. Einer verschnörkelten Legende aus seiner Heimatregion, die um zwei hohe Beamte kreist, der eine ehrlich, der andere korrupt. Yang versetzt sich durch den Vortrag selbst in Trance: Die eingängigen Verse und die zackigen Rhythmen bringen ihn in Fahrt. Tokotokotok, immer klopfen, immer klimpern, damit das Publikum dranbleibt.

Doch gerade als der rechtschaffene Beamte im Wald auf einen Räuber stößt, prescht aus den Lautsprechern nebenan die Filmmusik der »Glorreichen Sieben« hervor. Die Bühne mag vorübergehend leer sein – aber deshalb braucht sie doch nicht totenstill dazuliegen. Und so prunken die Techniker mit vierfachem Fortissimo.

Resigniert bricht Yang seinen Vortrag schließlich ab. »Die schallen uns zu«, schimpft er. Viel Publikum hat er ohnehin nicht anlocken können. Sein schäbiger Aufzug und seine ungewohnte Mundart wirken nicht gerade verführerisch auf das Publikum. Wie soll er jetzt ein Engagement durch einen Dorfvorsteher oder Fabrikdirektor ergattern?

Was die Erzähler von Ma Jie heute darbieten, haben ihre Vorgänger vor vielen Jahrhunderten ins kollektive Gedächtnis eingespeist. Die beliebtesten

Themen entstammen den »vier klassischen Romanen«, die ihrerseits aus Volksgeschichten zusammengesetzt sind und mit ihren Hunderten von Figuren ein unerschöpfliches Reservoir darstellen. Über alle historischen Umbrüche hinweg ist in China ein unverlierbarer Kern mündlicher Überlieferungen lebendig geblieben.

Irgendwo im Gewühl erklingt der Donauwalzer: das Telefon von Zhang Man-tang. Der kleine, bescheidene Bauer bildet den Dreh- und Angelpunkt des Festivals, und seine Seele dazu. Während die Profis vom Landkreis betreut werden, halten sich all die Laienerzähler und Kleindarsteller an Zhang und seinen Sohn, der ihre Auftritte mit der Videokamera dokumentiert. Auf eigene Kosten haben sie ein Langhaus errichtet, in dem fünfzig Künstler auf Matratzenlagern übernachten können. Bis tief in die Nacht fiedeln und feixen sie dort alle noch und geben reihum ihre Bravourstücke zum Besten. Die einzigen Wärmequellen sind die Menschen selbst und die kleinen Scheinwerfer über dem Podest. Dann schlüpfen sie unter ihre Decken und ziehen sich eine Mütze über den Kopf.

Zhang hört jedes Jahr begeistert zu. »Von klein auf war das Fest Teil meines Lebens«, bekennt er. »Das darf nicht verschwinden.« Ob es nicht auch ein Kandidat für die UNESCO wäre, für die Liste des immateriellen Weltkulturerbes? »UNESCO«, grübelt er, »ist das ein Volkskunstverein?« Na ja, so etwas in der Art. »Dann sind sie uns willkommen!«

Auch am nächsten Tag ziehen die Dorfbewohner hinüber zur Festwiese, die älteren mit einem Klappstühlchen, die jüngeren mit Kind und Kegel. Im

Winter haben die Bauern Zeit. Seifenblasen schweben vorüber, die Kühltürme des nahen Kraftwerks paffen Schäfchenwolken in den Himmel. Die Kinder mampfen Zuckerwatte und drängen sich ums Kettenkarussell, die Erwachsenen versuchen ihr Glück in den Würfelbuden oder am Schießstand, wo ein Konterfei des japanischen Premierministers als Zielscheibe dient. Das Publikum zieht von einem Barden zum anderen, und mit ihm die Mitglieder verschiedener Jurys.

Der Boden taut allmählich auf, der Rundgang gerät zur Schlammschlacht. Neben den Erzählern tritt noch anderes fahrendes Volk an: Akrobaten, Kabarettisten, Musikanten, Opernensembles. Hoch über dem Geschehen prangt auf einem Obelisken die Nachbildung einer antiken Terrakotta-Statue, die quietschvergnügt auf eine Trommel eindrischt. Sie diente einst als Grabbeigabe – der Verstorbene sollte auch auf seiner letzten Reise unterhalten werden. Zweitausend Jahre liegt das nun zurück. Doch der Zauber des Erzählens wirkt ungebrochen fort, allen modernen Massenmedien zum Trotz.

Nach zwei Tagen ist das Spektakel vorbei. Im Handumdrehen werden Zelte und Gerüste abgebaut. Der Winterweizen ist komplett zertrampelt worden und mit Plastikmüll garniert. Doch im Frühjahr wird er trotzdem grünen.

Die Kulturverwaltung des Landkreises meldet, dass dreihunderttausend Besucher und über tausendfünfhundert Künstler teilgenommen hätten. Die Abschlussgala findet im Theater von Baofeng statt, mit großer Revue und Preisverleihung. Shen Zhen-zhu und sein Tiger haben einen von zwölf

Hauptpreisen errungen. Ebenso Lin Feng-cheng, woraufhin die *Neue Abendzeitung* in Harbin ihm eine ganze Seite widmet. Großmeister Li dagegen trollt sich unwirsch. Die Jury hat ihn übergangen. Dafür wird er zum Laternenfest in Luoyang eine Einlage im Garten des Weißen Pferdes geben, dem ältesten buddhistischen Tempel Chinas. Ha!

Zhao Tao ist nach Jiao Lou eingeladen worden, ein Dorf, ebenso unscheinbar wie Ma Jie, nur dass Deng Xiao-ping dort 1947 einmal eine Woche verbracht hat, als Agitator für die Volksbefreiungsarmee. Die Alten erinnern sich noch an das malerische Heerlager und die Soldaten mit ihren Gewehren, aus deren Läufen bekanntlich alle Macht kommt.

Auch Jiao Lou besitzt einen buddhistischen Tempel, von dem die Kulturrevolution freilich nur die Mauern stehen gelassen hat. Seither prangt, statt des schmerbäuchigen Religionsstifters, ein Mao-Plakat an der Wand. Bis vor Kurzem hing auch Karl Marx noch daneben, ein widerspenstiger Buddha aus Trier. »Mao starb zu früh!«, klagt eine achtundachtzigjährige Bauersfrau, »für uns war er ein guter Kaiser. Was wir damals, vor seiner Zeit, essen mussten, das verfüttern wir heute an die Schweine.«

Die ältere Landbevölkerung kann oft nur schlecht lesen und schreiben. Weshalb die rhapsodische Kultur lebendig geblieben ist. Die Erzähler waren wandelnde Medien, waren Zeitung, Radio, Nachrichtenagentur und Alleinunterhalter in einem. Drei Tage lang tritt Zhao Tao hier auf, je zweimal für zwei Stunden, das Programm hat sie im Kopf. Sie baut sich neben dem Kramladen an der Straße auf. Gut hundert Zuhörer finden sich ein. Deren Haltung ließe sich als ein erwartungsvolles Lungern beschreiben. Ihr Beifall äußert sich darin, dass sie bleiben.

Yang Wan-shan dagegen musste ohne Engagement abziehen. Nach drei Tagen hat er die halbe Strecke zu seiner Mutter hinter sich gebracht. Mit einer Frau ist es ja nichts geworden bei ihm – welche will schon einen heiraten, der sich nichts aus Geld macht? Der lieber auf dem Fahrrad herumstromert und die Trommel schlägt? Am Abend gibt er noch eine Vorstellung für seine Gastgeber im Dorf. Etliche Nachbarn sind gekommen, die Goldene Turteltaube flattert wieder, Yang ist ganz in seinem Element.

Am folgenden Vormittag weht der Donauwalzer durchs Haus von Zhang Man-tang. Hallo? Hallo. Ja, also hier spricht Frau Wu aus Shaozhuang. Ein Radfahrer liegt bewusstlos am Straßenrand. Der Rettungswagen ist unterwegs. In der Jacke haben wir diesen Zettel mit ihrer Telefonnummer gefunden. Was soll nun geschehen?

Die Zhangs fahren ins Krankenhaus. Schlaganfall, es sieht nicht gut aus. Am nächsten Tag holen sie auf dem Rückweg noch das Fahrrad ab, vielleicht braucht Freund Yang es eines Tages wieder. Tatsächlich wird er schließlich nach Hause entlassen, doch ein paar Wochen später stirbt er. Zu dem wenigen, das von ihm bleibt, gehören die Videoaufnahmen, die die Zhangs von ihm gemacht haben. Tokotokotok.

Der »Fliegende Adler« steht seither herrenlos in ihrem Hof.

Tai-Ski!

Wintersport in Chinesisch-Sibirien

Zum Skifahren nach China? Zum Autobahnfahren! Denn noch werden die Schnellstraßen kaum beansprucht, noch gewähren sie freie Fahrt. Sofern man auf der Piste bleibt. Was beileibe nicht jedem gelingt. Während des dreistündigen Transfers von Harbin nach Yabuli in der hintersten Mandschurei passiert der Kleinbus ein Spalier stummer Katastrophen: ein umgestürzter Tanklastzug hier, eine verbeulte Leitplanke da, eine im Stich gelassene Limousine im Nirgendwo.

Schuld hat der Winter. Der hier in Heilongjiang, Chinas nördlichster Provinz, mit despotischer Unerbittlichkeit regiert. Es herrschen oft wochenlang minus zwanzig Grad. Höchsttemperatur wohlgemerkt, der Rekord liegt bei minus fünfzig. Die Eisskulpturen von Harbin erfreuen die Besucher vier Monate lang ohne die geringsten Auflösungserscheinungen.

Und ausgerechnet in diesem Eiskeller eröffnet nun ein Club Méditerranée? Hierher sollen die Feriengäste in Scharen strömen, in freudiger Selbstverbannung in den Grenzwinkel Chinesisch-Sibiriens, in Schach gehalten von Nordkorea auf der einen und Wladiwostok auf der anderen Seite der Berge? Wer macht denn so was?

Sie werden sich wundern, prophezeit mir der Fahrer. Und er wird recht behalten.

Auch wenn es mittlerweile ein gutes Dutzend Wintersportorte in China gibt, so entspricht doch bislang nur Yabuli annähernd dem, was Europäer sich unter einem Skigebiet vorstellen. Die meisten liegen im Nordosten, einige kleinere in den Bergen nördlich von Peking, wo 2022 die Olympischen Winterspiele stattfinden sollen. Doch auch das tropische Yunnan wollte nicht zurückstehen und hat ein Skigebiet eröffnet – in einer Höhe, die dem Gipfel des Matterhorns entspricht.

Vor zehn Jahren ernsthaft begonnen, zählt Yabuli heute elf Pisten, eine Seilbahn, ein paar Sessellifte und fünf größere Hotels. Die Anfahrt führt durch eine flache Taiga, erst gegen Ende schwingen sich ein paar Höhenzüge auf, die entfernt ans Riesengebirge erinnern. Sie steigen lediglich auf tausenddreihundert Meter an, dafür bieten sie sechs Monate lang Schneesicherheit. Zu ihren Füßen liegt das Flaggschiff vor Anker: die weitverzweigte Hotelanlage des Club Med. Kanadische Architekten haben sie erbaut, um nicht zu sagen hingeklotzt. Wobei sie verwegene Anleihen beim Grandhotel von Lake Louise in den Rocky Mountains nahmen, nur alles noch klobiger, vierschrötiger entwarfen. Der lange, fünfstöckige Riegel mit mehreren Querflügeln behaust knapp dreihundert Zimmer. Die Spitzdächer und der granitene Unterbau zitieren die pompöse Gründerzeit der Rockies, die ihrerseits die Schweizer Belle Époque zitierte.

Der Club hat die Anlage kürzlich übernommen und sie in ein kleines gallisches Dorf verwandelt, das dem eisigen Winter ebenso trotzt wie den Unwägbarkeiten des politischen Systems. Nun beginnt ein gewagtes Experiment: Die Franzosen wollen den Chinesen den Winterurlaub beibringen.

Solcherart Zeitvertreib war bisher praktisch unbekannt. Jetzt aber, da die Mittelschicht rapide wächst, da die Leute mehr Geld haben und etwas mehr Zeit, jetzt wollen sie auch Ferien machen. Fast jedes Jahr spendiert die Regierung einen zusätzlichen Feiertag wie den Ahnengedenktag oder den Drachenboottag. Gleichwohl bringt es ein Angestellter bestenfalls auf vier Wochen Jahresurlaub, die er meist zu den allgemeinen Feiertagen antritt, im Gleichtakt mit dem Kollektiv.

Im Souterrain liegt das Büfett-Restaurant, das am Abend Austern für alle auftischt. Solcherart Kommunismus lob ich mir! Das bringen wohl nur Franzosen fertig: tonnenweise frische Meeresfrüchte in die Pampa schaffen zu lassen. Mit mir am Tisch sitzen Gäste aus China, Taiwan, Korea und Kalifornien, dazu eine belgische Animateurin und ein leutseliger Äthiopier. Ausgerechnet er wird sich später als das größte Ski-Ass weit und breit herausstellen. Eine solch kosmopolitische Runde wäre auch in Peking oder Schanghai nicht alltäglich. Hier draußen aber hätte ich sie nie und nimmer erwartet.

Am nächsten Morgen nehme ich meine Leihausrüstung in Empfang, österreichische Markenskier. Gruppenunterricht wird empfohlen. Als höchst mäßiger Fahrer reihe ich mich in die mittlere von fünf Kategorien ein: Club 3. Mit von der Partie sind ein Student aus Hongkong, ein Geschwisterpaar aus Kuala Lumpur, ein Tagesgast aus Harbin und eine in Schanghai lebende Französin.

Zum Aufwärmen führt der chinesische Lehrer

auf dem Vorplatz ein paar Übungen vor, halb Skigymnastik, halb *Tai-Chi*. Vor der Haustür des Clubs beginnen die Seilbahn und ein Sessellift sowie nicht weniger als sieben Zauberteppiche, jene trägen Fließbänder, auf denen Anfänger ihre ersten Höhenmeter überwinden. In den Alpen stehen darauf die Dreikäsehochs. Hier aber reihen sich die Erwachsenen zu einer Schwebeprozession aneinander, geduldig, unverdrossen und bis zur Unkenntlichkeit vermummt. Keine Spur von alpiner Überheblichkeit, kein Schaulaufen, kein Schickimicki. Dabeisein ist fast alles.

Noch wichtiger ist nur, beim Skifahren auch fotografiert zu werden. Und so hat Yabuli einen eigenen Berufsstand hervorgebracht: den Pistenfotografen. Gleich fünf davon springen wie gehetztes Wild über den Auslauf und lichten jeden Gast derart eifrig ab, als hätte er gerade das Kandahar-Rennen gewonnen. Im Foyer des Clubs und der benachbarten Hotels bieten sie diese Konterfeis dann feil.

In der Gondel steckt sich unser Skilehrer erst einmal eine Zigarette an. Oben nehmen wir dann vorsichtig einen Zug frischer Luft – minus siebzehn Grad bei leichtem, würzigem Wind – und schwenken auf einen Ziehweg ein. Es quietscht, als führen wir über Styropor. Das macht die Kälte, sie lässt den Schnee zu einem kompakten Belag zusammenfrieren. Es rieseln auch keine Flocken vom Himmel, sondern Eisspäne. Kristalline Schrapnells.

Wir wählen schließlich Piste A1 – »easiest way down«. Sie ist blau markiert, die übrigen vier Pisten schwarz. Angesichts von neunzig Prozent Anfängern ein etwas unvermutetes Verhältnis. Die Anweisungen des blutjungen Lehrers beschränken sich meist auf »follow me!«. Ausländischen Gästen Vorschriften zu machen, sie gar zu kritisieren, das bringen gesittete Chinesen nicht über sich. Umgekehrt bringen wir es als wohlerzogene Ausländer nicht über uns, dem braven Lehrer mehr Autorität abzuverlangen. Überhaupt zeigt niemand aus der Gruppe sonderlichen Ehrgeiz; vielleicht strebt man in China generell weniger an die Spitze, sondern zur Mitte hin. »Es ist doch schon eine Heldentat, dass wir überhaupt hier sind«, meint der Student aus tropischen Gefilden. Nur ich habe mich offenbar nicht hinreichend angepasst, denn für den nächsten Tag stuft mich der Skilehrer zu Club 4 hoch. Ich weiß gar nicht, wie mir geschieht.

Dass Europa auf der weltpolitischen Bühne keine Rolle mehr spielt, offenbart sich am Frühstücksbüfett. Es hat eine chinesische, eine japanische und eine amerikanische Abteilung, und dann noch einen Katzentisch mit ein paar französischen Petitessen. Wer den Tag weder mit Kimchi-Suppe noch mit einer Pampe aus Baked Beans eröffnen will, dem bleiben nur kautschukartiges Weißbrot, La vache qui rit und Pain au chocolat. Und damit hinaus auf den Berg?

Dort empfängt mich dann Han Lang, eine vierundzwanzigjährige Frohnatur. Seine athletische Statur erinnert an Alberto Tomba, vereint katzenhafte Geschmeidigkeit mit bäriger Kraft. Wie alle seine Kollegen kommt er von der Sporthochschule Harbin, ein studierter Skiläufer mithin. Das ist sehr chinesisch. Auch, ja gerade jene Disziplinen, die nicht Teil des kulturellen Repertoires sind – wie etwa Opernsingen, Tortenbacken oder moderner Fünfkampf –, werden der Nation als Hausaufgabe von oben verordnet und häufig an einem zentralen Institut unterrichtet, systematisch, mit strengem Drill und ohne einen Funken Fantasie.

Wir steuern Piste A2 an – »expert only«. Vergeblich sträube ich mich gegen das Kamikaze-Kommando. Tatsächlich ist es dann halb so wild. Han Lang empfiehlt mich den anderen gar als Vorbild, lobt Stockhaltung und Schwungansatz. Das ist mir noch nie passiert; bisher haben sich die Komplimente der Skilehrer auf ein aufmunterndes »versuch's noch mal« beschränkt. Han aber klopft mir am Ende auf die Schulter: »Morgen übernehme ich Club 5. Komm doch dazu!«

Abends verliere ich dann beim Tischtennis hochkant gegen einen zwölfjährigen Knirps aus Peking. So kommt die Welt wieder ins Lot, und meine Karriere als Sportskanone findet ihr verdientes Ende.

Das Büfett bietet am Abend eine breite Palette panasiatischer Gerichte, von Misosuppe über Lammcurry bis zum Feuertopf aus Sichuan. Jedes Gedeck umfasst Besteck und Stäbchen, und bei Tisch geht es so weltläufig und gesittet zu wie in einem gehobenen Pekinger Hotel. Das Gros der Gäste sind Chinesen, wobei gut die Hälfte aus Hongkong, Taiwan und Südostasien kommt. Darunter auffallend viele mit zwei Kindern. Was zeigt, dass sie im Ausland leben und obendrein gut situiert sind. Schwer zu sagen, was mehr Prestige bringt, der Zweitwagen oder das Zweitkind. Auch etliche westliche Ausländer, die in China arbeiten, sind der landesweiten Club-Kampagne gefolgt. Eine Reise nach Yabuli kommt für sie allemal günstiger als ein Urlaub in den Alpen oder den Rocky Mountains.

Die Wangs aus Shenzhen sind gleich zu zehnt angerückt. Eine sympathische Gang wie aus einem Eastern, mit charismatischem Boss, diskretem Intimus und einer Entourage kriecherischer Verwandter mitsamt Ehefrauen. Nur die Konkubine musste zu Hause bleiben; im Club geht es fröhlich zu, doch nicht frivol. Herr Wang ist Geschäftsmann; alle in Shenzhen sind Geschäftsleute. Nur dass sich nicht alle einen solch opulenten Urlaub leisten können. Gut siebzehnhundert Euro für eine Clubwoche – das entspricht dem Monatsgehalt eines wohlbestallten Professors. Die Idee zu diesem Urlaub kam dem Patriarchen auf einer Geschäftsreise in die Schweiz.

Mein Zimmer hat die Abmessungen eines Konferenzraums, der Fernseher die eines Schauaquariums. Zur Begrüßung erwartet mich eine Flasche Bordeaux – Savoir-vivre! Freilich ohne Korkenzieher. Es wäre aber auch unfair, von einem mandschurischen Zimmermädchen Einblick in die subtilen Zusammenhänge westlicher Lebensart zu erwarten. So trotte ich denn in die Bar, die die Größe eines Hangars hat und auch die Bibliothek beherbergt, dazu Billardtische, Tanzfläche, Bühne mitsamt Sitzgelegenheiten sowie Séparées für Karaoke und *Mah-Jongg*. Das plüschig-poppige Mobiliar erinnert an die Freizeitheime der siebziger Jahre. Entweder ist derartiger Retrolook der letzte Schrei, oder die Europäer haben einmal mehr versucht, den Chinesen ihre Ladenhüter anzudrehen.

Rund hundert Gäste scharen sich um Bar und Bühne. Dort ist ein Ratespiel im Gang, bei dem mehrere Teams gegeneinander antreten, in bunter Mischung der Altersgruppen und Nationalitäten.

Die Animateure heizen der Menge abwechselnd auf Englisch und Chinesisch ein. Moment mal – diese Einpeitscherin in scharfen Shorts, ist das nicht die verhuschte Rezeptionistin? Yes! Yes! Yes! Und hat dieser jubelnde Teamleiter mich nicht vorgestern als Concierge in Empfang genommen? Yes! Yes! Yes! Im Club Med sind die Grenzen zwischen Arbeit und Unterhaltung ebenso aufgehoben wie die zwischen Gästen und Personal.

Auch den Hausherrn entdecke ich im Trubel oder, um im Club-Jargon zu bleiben, den Dorfvorsteher. Christian Noret trägt Kahlkopf mit Nackenzopf; die aus der Mandschurei stammenden Herrscher der Qing-Dynastie hätten ihre Freude an ihm gehabt. Wie aber vermittelt er den Chinesen eine Institution, die allein schon vom Namen her erzeuropäisch scheint? Vielleicht indem er ihnen den Club als eine Glückssekte nahebringt, eine Art *Falun Gong* für Hedonisten?

»Wir brauchten gar nicht viel zu erklären«, freut sich Noret, die Philosophie des Clubs kommt den Kundenwünschen offenbar entgegen. »Chinesen wollen sich amüsieren, sie wollen zusammenkommen, und sie wollen von früh bis spät Programm.« Wobei sie eine Frische an den Tag legten, die ihn an die frühen Jahre des Clubs erinnere. Als Synonym für gemeinschaftliche Unbeschwertheit war die Marke hier bereits geläufig. »Schon bevor Yabuli in Betrieb ging, hatten wir dreißigtausend chinesische Kunden in Süd- und Ostasien.« Mittlerweile hat der Club die fünfte Anlage in China eröffnet und die Zahl der heimischen Gäste auf zweihunderttausend gesteigert.

»Der wichtigste Faktor ist das Essen« – auch darin sind Chinesen und Franzosen d'accord. Das Konzept des all-inclusive braucht man wohl nirgendwo groß zu erklären, erfüllt es doch eine uralte Menschheitsutopie: Schlemme, bis du selig bist. In Yabuli ist darüber hinaus das komplette Programm inbegriffen, vom Skipass bis zur Yogastunde. Die Frohe Botschaft des Club Med lautet, dass das Leben ein fortwährender Kindergeburtstag ist, bunt und süß und voll spannender Spiele.

Ski fahren geht man eher en passant. Könner wären hier unterfordert, für Anfänger und mittelprächtige Fahrer aber eignet sich das Gebiet durchaus. Sowie für jene, die den größten Luxus in China überhaupt suchen: Einsamkeit. Nirgendwo im Land habe ich so wenige Menschen angetroffen wie auf den schwarzen Pisten von Yabuli; selbst die Taklamakan-Wüste wirkte belebter. Unten aber, bei den Zauberteppichen, herrscht das gewohnte fröhliche Gewusel. Ob manch einer sich um der Geselligkeit willen selbst degradiert? Willkommen in Club 1.

Dennoch lebt es sich oben gefährlich – der Ambulanz wegen, die in gelben Anoraks über die Pisten patrouilliert. Dank täglicher Übung fahren sie ziemlich gut, doch derart rücksichtslos, dass man dieser gelben Gefahr nur mit halsbrecherischen Manövern ausweichen kann. Als würden sie für jede Rettung Prozente bekommen.

Eines Nachmittags aber saust kometengleich ein vollendeter Stilist heran: Robel Teklemariam. Auf seinem Anorak prangen die Olympischen Ringe, ein Andenken an Turin. Wo er ebenso teilgenommen hat wie in Vancouver. Der gebürtige Äthiopier ging im amerikanischen Lake Placid zur Schule und entwickelte dort eine unstillbare Passion fürs Skilaufen. Seine Muttersprache kennt nicht einmal ein Wort für Schnee, weshalb sie ihn zu Hause den Eisrutscher nennen. Schlimmer war, dass es keinen äthiopischen Wintersportverband gab, weshalb Robel in Salt Lake City nicht starten konnte. Schließlich gründete er diesen Verband selbst. Beim Einmarsch in Turin trug er dann die Fahne, sein Bruder das Schild, und die Mutter stolzierte als Verstärkung hinterdrein. Robel arbeitet seit Jahren in den Diensten des Clubs, der ihn nun als Berater für die chinesischen Skilehrer engagiert hat. Eine Abfahrt lang feilt er an unserer Kantentechnik und saust dann weiter, um der nächsten Gruppe beizustehen.

Unter der Belegschaft aus zwanzig Nationen finden sich haufenweise solch überraschende Biografien. Beim Abendessen, diesmal à la carte im hauseigenen italienischen Restaurant, schwärmen meine Tischnachbarn höhnisch von Ketut, dem balinesischen Zauberer. »Unbeschreiblich«, schmunzelt Herr Foong, Chirurg aus Singapur. Seine Frau gibt sich weniger sibyllinisch: »Der schlechteste Zauberer der Welt!« Die magischen Ringe habe er gerade noch zusammenbekommen, aber nicht wieder auseinander, und das präparierte Tischtuch habe er so ungeschickt weggezogen, dass jeder die Schlitze sehen konnte. Aber vielleicht besteht ja gerade darin sein Trick, mutmaße ich. Als schlechtester Zauberer der Welt zu gelten, kann schließlich auch ein Alleinstellungsmerkmal sein.

Die italienische Küche gelingt zwar einwandfrei, kommt jedoch bei den chinesischen Gästen nicht so recht an. Ein Teller Pasta, ein Teller Rinderbraten und ein bisschen was drumrum – das ist entschieden zu wenig, um als vollwertige Mahlzeit gelten zu dürfen. Weshalb der Clan der Wangs sich hinterher geschlossen nach nebenan begibt, im Büfett-Restaurant noch einmal herzhaft zulangt und dann gestärkt die Karaoke-Kabinen aufsucht. Der Megahit dort trägt den deutschen Titel »Edelweiß, Edelweiß«, womit zugleich ein Gutteil des Textes zitiert wäre. Was seine Popularität beim Karaoke wohl hinreichend erklärt.

Es ist dieses Kuddelmuddel der Kulturen, das Yabuli so unterhaltsam macht. Und man kann gut damit angeben. Ab minus zwanzig Grad wird jeder zum Helden. Im Schwimmbad besteht eine Dame aus Macao darauf, für die zehn Meter zum heißen Freibecken nicht nur Schlappen anzuziehen, sondern auch Jacke, Hose und Mütze. Um dann in voller Montur ins schäumende Becken zu steigen, Aphrodite in der Taiga.

Am letzten Tag sind die Zweige reifverkrustet wie gleißende Korallen. Das Thermometer steigt auf lauschige minus zwölf, ein olympischer Eisrutscher nimmt sich meiner Parallelschwünge an, und für den Abend ist Peking-Ente avisiert. Ich möchte am liebsten um Verlängerung nachsuchen. Frau Foong meinte gleich, ich solle doch einen Roman über den Club schreiben. Keine schlechte Idee – eine Art chinesischer Zauberberg, ein Mikrokosmos des asiatischen Aufschwungs, ein Gesellschaftsgemälde in Zeiten der Globalisierung. Nur eben mit Ketut als Zauberer.

Das Land am Strom

Eine epische Fahrt auf dem Jangtsekiang

In China speien Drachen kein Feuer, sondern Wasser. Sie können schreckliche Zerstörung bringen: Taifune, Überschwemmungen, Springfluten. Sie können aber auch Fruchtbarkeit schenken, Reichtum und Energie. Man muss sie nur zu zähmen wissen.

Als der mit Abstand größte Drache firmiert der Jangtsekiang. Er ist der wahre Sohn des Himmels. Fast sechstausend Meter über dem Meer entspringt er in den kahlen Weiten des tibetischen Hochlands. Dort, wo er herkommt, sagen sich Bären und Wölfe gute Nacht. Dort, wo er hinfließt, in eine Kette fruchtbarer, von ihm selbst ausgewaschener Becken, lebt ein Zwölftel der Menschheit: gut vierhundertfünfzig Millionen Chinesen. Die Einheimischen nennen ihn schlicht Chang Jiang, Langer Fluss. Oder einfach nur: den Fluss.

Wir haben Chinas Schicksalsstrom befahren, an Bord dreier Schiffe, die unterschiedlicher kaum sein könnten: ein luxuriöses Kreuzfahrtschiff, ein kleiner Frachter und ein gewöhnliches Linienschiff. In acht Tagen haben wir dabei fast die gesamte navigierbare Strecke passiert, rund zweitausendfünfhundert seiner über sechstausend Kilometer. Über den Oberlauf, die Lehr- und Wanderjahre unseres Helden, weiß auch in China kaum jemand Bescheid.

Seine Quellen wurden erst vor vierzig Jahren dingfest gemacht, erst vor dreißig Jahren befuhren waghalsige Expeditionen ihn in ganzer Länge, und erst vor zwanzig Jahren bewältigte ein junger Wandersmann namens Hu Jian-qiang die Strecke auf dem Landweg. Wobei er acht Paar Schuhe auftrug.

Für uns bedeutet schon die Reise nach Chongqing, der Hauptstadt Sichuans, einen Vorstoß ins Unbekannte. Die ferne Metropole im Gebirge liegt eingefasst von üppig grünen Reisterrassen, die dank des subtropischen Klimas drei Ernten im Jahr abwerfen. Wenn hier jemand einen Schuh verliert, heißt es, wächst ein Schuhgeschäft daraus. Ein Dickicht aus Hochhäusern überzieht die Hänge am Zusammenfluss des blaugrauen Jialing mit dem sepiafarbenen Jangtse. Im Labyrinth der Straßen wogt lärmendes Gewimmel. Drachengeschwader gaukeln über dem Kai, Seilbahnen schweben wie eiserne Hutschachteln über die Flüsse.

Lastenträger hetzen hinter den Taxen her, die die Passagiere zum Pier bringen. Da prallen zwei Welten, zwei Zeiten aufeinander. Halb nackte Proletarier umringen betuchte Touristen, die sich der Schar verlegen erwehren. Kein Fitnessstudio hat diese Körper modelliert, sondern die Fron des täglichen Lebens. Diese Kulis würden auch ganze Kühlschränke mit ihren Bambusstangen schultern, nur um ein paar Groschen zu verdienen. Noch öfter wird uns auf dieser Reise das Vis-à-vis von neunzehntem und einundzwanzigstem Jahrhundert begegnen.

Die terrassenförmigen Ufertreppen dienen seit Jahrhunderten als die Freilichtbühne von Chongqing.

Hier stellt das Leben sich zur Schau. Stumm und stetig streicht der Fluss daran vorbei. Seit den Tagen Sun Yat-sens hatte noch jede Regierung den Traum, diesen Drachen zu zähmen. 2006 ging die Drei-Schluchten-Talsperre in Betrieb, und mit ihr das größte Kraftwerk der Welt. Inzwischen hat der Stausee seine endgültigen Ausmaße erreicht: bis zu hundert Meter tief und über sechshundert Kilometer lang. Neben massiven ökologischen und sozialen Auswirkungen hat er auch einen touristischen Nebeneffekt: Nun können hier die größten Flusskreuzfahrtschiffe der Welt fahren.

Mit Tschingderassabum begrüßt eine Folkloregruppe die Neuankömmlinge an Bord der »Century Diamond«, einem sechsstöckigen Brummer mit gläsernen Aufzügen und mit Balkonen vor jeder Kabine. Eine schwimmende weiß-blaue Pagode, gut hundert Meter lang und siebentausend Tonnen schwer, dabei mit kaum mehr Tiefgang als ein Geigenkasten. Nach und nach richten die Gäste sich auf dieser unbelangbaren Insel ein. Belegen die geräumigen Kabinen, beschnüffeln die Decks und das Büfett.

Mit trötendem Nebelhorn legt der Jahrhundertdiamant schließlich im Morgengrauen ab, durchschneidet die Lichtschlieren in Ufernähe und reiht sich ein in die tuckernde Prozession der Flussfahrer. Erst hängen Nebelschwaden über dem Wasser, dann der für diese Breiten typische Dunst, ein Vorbote des Monsuns. Statt zur heiteren Lustpartie gerät eine Reise auf dem Jangtsekiang daher meist zur mystischen Fahrt ins Ungewisse. Nichts für Gemütskranke und Sonnenanbeter also, eher schon für Fantasy-Liebhaber. Dann und wann hallt Hämmern aus einem Steinbruch herüber, Fräsen von einer Werft oder Quieken von einem Hof, aber alles zieht rasch vorbei. Der Fluss hat das Kommando übernommen.

Die Gäste an Bord stammen vorwiegend aus Europa und Nordamerika; auch mehrere Auslandschinesen sind darunter. Drei Tage und Nächte werden sie hier wohnen, das scheint eine gehörige Zeitspanne. Doch drei Tage sind nichts. Die Crewmitglieder kreuzen neun Monate lang auf dem Jangtse. Kaum haben sie eine Ladung Passagiere verabschiedet, die Kabinen gesäubert und die Vorräte aufgefrischt, geht es mit neuen Gästen wieder stromauf. Der Fluss wird zur Heimat und das Schiff zur Behausung.

Etwa für Zhou Yan, den Künstler vom Dienst. Mollig, mondgesichtig und mit Koteletten bis zum Hals, entspricht er ganz dem Klischee vom chinesischen Pinselfürsten. Er fährt das vierte Jahr auf dem Fluss. Die alten Ladys aus Arizona und die resche Alleinerbin aus Luzern machen gerne an seinem Zeichentisch Station, wo er ein Idyll nach dem anderen zu Papier bringt. Mitunter trifft man ihn auch an Deck, namentlich bei schlechtem Wetter. Er wolle den Fluss fühlen, erklärt Zhou, wolle seine Essenz in sich aufnehmen, um eines Tages sein großes Werk vollbringen zu können: ein Kolossalgemälde des Jangtse. Deshalb spreche er an den Anlegestellen auch immer mit den alten Leuten. Außer in Sandouping, der Stadt am Staudamm, dort gebe es keine Alten. Wie in der Legende lebt dieser Maler inmitten seines Bildes. Das Wasser, in dem er seine Pinsel auswäscht, hat exakt die Farbe des Flusses.

Eine Etage tiefer hat Schiffsarzt Dr. Fan sein Sprechzimmer. Mit sanfter Stimme und gepflegten Händen behandelt er Reisefieber, Erkältungen und Verstopfungen, lädt zu *Tai-Chi* auf dem Sonnendeck und praktiziert Akupunktur. Gestorben ist ihm noch niemand an Bord. Im Gegenteil: Der Jangtse wirke wie eine Kur, meint er. Die Harmonie mit den Elementen, das geruhsame Leben, die frische Luft ...

Der erste Landgang führt auf den Tempelberg von Fengdu. Einst lag er hoch über der Altstadt am Fluss, durch den Stausee aber hat sich der Aufstieg halbiert. Das Spalier der fliegenden Händler scheint dafür doppelt so lang, hellohellohello hechelt es von links und rechts, doch wer kann schon fünfzehn Stadtpläne gebrauchen. Die Hallen und Höfe beherbergen ein Panoptikum religiöser Figuren: taoistische Naturgottheiten, keulenschwingende Krieger, schmerbäuchige Buddhas. Thema dieses Geisterparks sind die Schrecken und Segnungen des Jenseits. Die schaurigen Namen vieler Stätten – Blutfluss, Brücke ohne Ausweg, Turm des letzten Blicks auf die Heimat – haben ebenso wie Fengdus Prädikat »Geisterstadt« durch den Stausee neue Brisanz erhalten. Fast hunderttausend Einwohner wurden hier umgesiedelt.

Als wir die drei Schluchten 2001 zum ersten Mal befuhren, war die Räumung bereits im Gange. Gleichwohl schob der Verkehr sich zäh wie Lava durch die Altstadt, Busse zwängten sich keuchend hindurch. Am Straßenrand Garküchen, Schuhputzer, Reishändler, fahrende Videotheken – kaum vorstellbar, dass dieses Gewusel wenig später ersterben würde. Eine junge Führerin zeigte uns das großelterliche Häuschen in den winkligen Gassen, grau, gemütlich, kohlegeschwängert. Dann wies sie auf einen Wohnturm hoch droben am anderen Ufer, wo eine komplette neue Stadt entstand, halb noch Verheißung und halb schon Wirklichkeit. »Wir bekommen eine Wohnung im elften Stock, mit heißem Wasser und Zentralheizung.« Während sie die Umsiedlung als Fortschritt ansah, brach es ihrer Großmutter fast das Herz. Im Jahr darauf wurde ihr Haus wie die gesamte Altstadt gesprengt, dann versank alles in den Fluten. Auch die Brücke wurde abgerissen. Verwaiste Obstbäume trugen noch ein paar Jahre lang Früchte, bevor sie absoffen.

Hinter Fengdu nimmt eine der berühmtesten Landschaften Asiens ihren Anfang, die auf Geldscheinen und Briefmarken millionenfach glorifiziert worden ist: die drei Schluchten. Eine Kette von Fjorden im Inneren des Kontinents, mit gestaffelten Klippen, getigerten Wänden und engen Felsenpforten. Fast feierlich empfängt uns am nächsten Morgen ein himmelhohes Tor: die Qutang-Schlucht. Aus ihr heraus stürzt uns ein Wind entgegen, als flöhe er vor einem grausigen Ereignis. Dann aber legt er sich, und wir ziehen durch eine Bergwelt von prähistorischer Ruhe und Majestät. Als flösse der Rhein zu Füßen der Eigerwand dahin.

Gegenüber dem ursprünglichen Verlauf steht der Pegel nun maximal siebzig Meter höher. Angesichts von Gipfelhöhen bis zu tausend Metern hat sich der wildromantische Charakter der Schluchten daher nicht grundlegend geändert. Nachhaltig verändert hat sich dagegen die Tiefe. Früher mussten die Kapitäne zentimetergenau navigieren, weil wandernde Sandbänke die Fahrrinne zusätzlich verengten. Allein in der Wuxia-Schlucht gab es bei Niedrigwasser achtundsiebzig Einbahnstrecken. Ihre zerfledderten Flusskarten behandelten sie wie Staatsgeheimnisse; nie wieder sollten ausländische »Kanonenboote auf dem Jangtsekiang« ins Landesinnere vorstoßen.

Auf unserer ersten Fahrt prangten an den Hängen in mulmiger Höhe Markierungen, die den künftigen Pegelstand verkündeten. Mittlerweile ist das Terraforming abgeschlossen und wir rauschen einen Tag schneller durch die Schluchten. Noch irren die Passagiere etwas unsicher umher; ein Schiff dieser Größe verlangt schon dreidimensionales Vorstellungsvermögen. Die einen speisen à la carte auf Deck sechs, die anderen hängen noch in der Panoramabar, die meisten aber streben dem Büfett-Restaurant auf Deck zwei zu. Am Eingang macht Kreuzfahrtdirektor Andreas Achaz die Honneurs. Der Österreicher ist der einzige Europäer unter hundertfünfzig chinesischen Besatzungsmitgliedern. Sie haben ihm den Spitznamen Kung Fu Panda verpasst, seiner Wohlbeleibtheit wegen sowie seiner resoluten Art. Achaz war schon beim Bau des Schiffes auf der Werft bei Chongqing dabei. »Das Kunststück war, von Anfang an westliche Standards zu etablieren, ohne aber die hiesigen Gepflogenheiten zu missachten.«

Da zunehmend auch Chinesen diese Fahrten buchen, bemüht sich sein Team, beide Welten zufriedenzustellen. Zum Frühstück gibt es sowohl Brötchen als auch Nudelsuppe, abends Schweinebraten ebenso wie Peking-Ente. Im Leseraum spielen die einen leise Schach, die anderen geräuschvoll *Mah-Jongg*, und das Unterhaltungsprogramm bietet sowohl gelehrte Vorträge als auch gesellige Karaoke-Einlagen.

Mittags fahren wir dann in die Wuxia-Schlucht ein und legen schließlich in Wushan an. Im neuen Wushan, denn die alte Stadt liegt auf dem Grunde des Sees wie ein chinesisches Atlantis. Die neue erstreckt sich in sicherer Höhe, aber in unnatürlich steiler Lage, an der Einmündung des Daning. Bei unserem letzten Besuch befuhren wir diesen schmalen Zufluss in hölzernen *Sampans*, wackeligen Langbooten. Das Kieselbett schien mit den Händen greifbar. Heute strömt hier ein breites jadegrünes Band dahin, das selbst Frachter befahren. Mit einem klobigen Ausflugsdampfer schippern wir hinein in die »drei kleinen Schluchten«. Erst tief drinnen steigen wir auf *Sampans* um, damit es wenigstens noch ein bisschen schunkelt. Eine Mönchsklause prangt unter rostroten Klippen, und auf einer Anhöhe stimmen drei kostümierte Musiker eine elegische Weise an. Die Loreley lässt grüßen.

Auch in Wushan waren rund hunderttausend Menschen von der Umsiedlung betroffen. Die allermeisten, erzählt unser örtlicher Führer, betrachteten das als eine Art Beförderung, hin zu höherer Lebensqualität und modernerer Infrastruktur. Und das stimmt gewiss auch – doch wenn er etwas anderes erzählen würde, wäre er die längste Zeit Reiseführer gewesen.

Manchmal glaubt man sich auf dieser Fahrt in einem schwimmenden Kino. Umgekehrt zog der Sog der Schluchten auch immer wieder Filmemacher an. Allen voran Jia Zhangke, dessen 2005 gedrehtes Meisterwerk international unter dem doppeldeutigen Titel »Still Life« herauskam. Auf Chinesisch lautete er »Sanxia haoren«, die guten Menschen der drei Schluchten. Eine Referenz auf Bertolt Brecht, verfremdet Jia das Geschehen doch ins Absurde und Übernatürliche hinein. Aber eigentlich ist die Verfremdung hier Realität: Waschküchenwetter, transplantierte Städte, ein an die Kandare genommener Strom. Die seltsame Übergangszeit während des Dammbaus und der existenzielle Schwebezustand der Hauptfiguren münden in einen Bilderstrom von epischer Melancholie.

Am nächsten Morgen folgt dann die Peripetie unserer Reise: Etwa auf halber Strecke der Xiling-Schlucht kommt der Staudamm in Sicht. Der Canyon weitet sich zu einem Trogtal, das von einem Sperrriegel aus Beton verbarrikadiert wird. Weil Schiffe nicht klettern können, fahren wir in die erste von fünf Schleusen ein, passgenau wie ein Sarkophag in eine Grabkammer. Die Kreuzfahrtgesellschaft verfolgt das Schauspiel an Deck: Wie sich die rückwärtigen Tore langsam schließen, wie das Wasser unmerklich abgelassen wird und das Schiff Meter für Meter nach unten sinkt, wie dann alles bedeutungsvoll innehält, bis endlich vorne die Pforten aufgehen – nur um den Weg in die nächste Kammer freizugeben. Erst nach fünf Stunden kommt es dann zu jenem magischen Moment, an dem statt eines weiteren Tores der Horizont erscheint.

Wir legen in Sandouping an, gleich hinter der Staumauer. Bei unserer ersten Fahrt war sie noch Großbaustelle, bestanden mit einem ganzen Gestrüpp aus Kränen, zwischen denen Hunderte von Kipplastern und Schaufelbaggern ihre emsige Choreografie vollführten. Der Fluss wurde in einem künstlichen Bett außen herumgeleitet, durch das er mit sichtlichem Missbehagen kroch, ein geprügelter Drache. Heute ist hier alles clean. Die Reißbrettstadt wirkt wie ihr eigenes Modell, und wie auf Kommando sickert Sonnenschein durch den Dunst. Schulklassen und Seniorenklubs bestaunen das neue Nationalheiligtum.

Im Besucherzentrum betet der Führer zu plätschernder Plastikmusik allerhand Superlative herunter, die zwei sehr chinesische Zwangsvorstellungen verraten: die Obsession der großen Zahl und die Obsession der Kontrolle. Mit diesem pharaonischen Projekt feiert Chinas Führung ihre Macht über die Natur wie über das Volk. Die Fotogalerie zeigt allerhand Funktionäre bei diversen Spatenstichen hemdsärmelig und mit gelben Helmen. Dabei strahlen sie wie kleine Jungs beim Sandkastenspiel, die nun mal liebend gerne pritscheln. Man könnte glauben, sie hätten die Talsperre fast allein erbaut. Hochglanzbroschüren und internationale Gutachten beschwören deren Bedeutung für Hochwasserschutz und Energiegewinnung. Schenkt man ihnen Glauben, so werden hier neun Prozent von Chinas gewaltigem Strombedarf erzeugt.

Um den Fluss hautnah zu erleben, steigen wir um auf einen Lastkahn. Ein dreißig Tonnen schwerer Trog mit einem Bretterverschlag über der dröhnenden Maschine, nicht mehr Boot und noch nicht Schiff. Kapitän Wu transportiert alles von Birnen bis zu Stahlträgern. Romantik ist nicht seine Sache:

Er achte auf die Sicherheit, nicht auf die Schönheit. Eine Verständigung mit anderen Schiffen ist nicht möglich, er fährt auf Sicht. Dreihundert Tage im Jahr verbringt er an Bord. Für ihn sei der Fluss wie eine Mutter, im Guten wie im Schlimmen. Mal sanft, mal wütend. Meist nährend, manchmal zerstörend. Seit Menschengedenken hat der Jangtsekiang die östlichen Ebenen immer wieder überschwemmt – und damit zugleich die Bedingungen für deren immense Fruchtbarkeit geschaffen. Flussabwärts ist jeder Quadratmeter bepflanzt, selbst die immer höher wachsenden Deiche.

Auf den Märkten von Wuhan lässt sich diese Fülle mit Händen greifen. Vor allem an Wassergetier herrscht unerschöpfliche Auswahl: Muscheln und Schnecken aller Art, apathische Schildkröten in Plastikschüsseln, wuselnde Aale, eingelegte Schlangen. Frösche zappeln in schweren Netzen, und selbst wenn sie enthauptet und gehäutet werden, zucken sie noch weiter. An den Ständen herrscht ein fortwährendes Schlachten, Schneiden und Schnippeln, dargeboten von den hübschesten Fleischerinnen der Welt.

Vor fünfzig Jahren wurde auch das Fleisch der Jangtse-Delfine noch verkauft, auf Chinesisch *Baiji* geheißen. Damals kamen sie noch von der Mündung bis hinauf zu den drei Schluchten vor. Ulkige Geschöpfe mit Augen klein wie Bohnen, nahezu blind. Dafür verfügten sie über ein exzellentes Biosonar, mit dem sie sowohl Beute wie Artgenossen orten konnten. Das Präteritum ist angebracht, muss der *Baiji* doch als ausgestorben gelten. Seit den siebziger Jahren sank seine Zahl rapide, bedingt durch

Gewässerverschmutzung, Überfischung, Dammbauten und den anschwellenden Schiffsverkehr. Bis 2002 besaß Wuhan ein Delfinarium, das zwanzig Jahre lang nur einen Bewohner hatte: Qi Qi. Als er starb, schätzte man die Zahl der verbleibenden Flussdelfine auf weniger als zehn. Seither geht alle paar Jahre eine mögliche Sichtung durch die Presse, zuletzt 2016, doch sind sie etwa so stichhaltig wie die des Ungeheuers von Loch Ness. Bye-bye, *Baiji*.

Dank eines patenten Taxifahrers landen wir abends in einem populären Fischlokal. Hartgesottene Geschäftsleute und gut situierte Familien, die alten Kader und die Jeunesse dorée, sie alle pilgern in diesen Fresstempel mit achthundert Plätzen, in dem zweihundert Köche von morgens bis abends Wunder wirken. Wir wollten pflichtgemäß *Wu-Chang*-Fisch probieren, eine örtliche Spezialität, seit Mao ihn in einem Gedicht erwähnte. Doch der Taxifahrer belehrte uns, die alten Zeiten seien vorbei. Wer heutzutage in sein wolle, müsse *Gui*-Fisch essen. Natürlich schmecken beide herrlich delikat, nur kostet *Gui* dreimal so viel.

Wuhan zählt mehr Einwohner als Los Angeles und ist doch im Westen gänzlich unbekannt. Einige stuckbeladene, säulenbewehrte Kolonialbauten entlang des Kais künden von seiner einstigen Bedeutung als Handelsplatz. Die Tage der Dschunken sind freilich längst passé. Auf dem Wasser herrscht dichter Verkehr, ein Strom auf dem Strom. Für die zweitägige Fahrt bis Schanghai nehmen wir das nächstbeste Passagierschiff. Sein Name ist so spartanisch wie seine Ausstattung – »Nr. 92«. Die schmuddeligen fensterlosen Zweierkabinen der zweiten Klasse bilden die höchste Komfortstufe, in der fünften Klasse zwängen sich dreißig Menschen zwischen Maschinen- und Frachtraum. Noch billiger reisen jene, die als Nachtlager nur eine Zeitung über die eisernen Planken der Gänge breiten. Wir sind die einzigen Ausländer unter rund siebenhundert Passagieren. Das Personal spricht nur Chinesisch, auch Fahrpläne und Ankündigungen sind allein in der Landessprache gehalten. Kommunikation wird zum eigentlichen Abenteuer. Doch wenn sie klappt, gerät jede alltägliche Handlung zum Erfolgserlebnis.

Hin und wieder kommen schwimmende Kioske längsseits, und dann werden mit einem langen Bambuskäscher Zeitungen und frisches Obst heraufgefischt. Küchendünste, Dieselqualm, Tabakrauch und der Muff von zwanzig Jahren ständigen Gebrauchs vermengen sich zu einem herb exotischen Aroma. So geheimnisvoll die Fahrt durch die Berge war, so prosaisch gerät die durch die Ebene. Die Deiche degradieren den Fluss zum Kanal, und das flache Acker- und Siedlungsland zu beiden Seiten zieht sich gleichförmig dahin. So können wir uns ganz unseren Mitreisenden widmen. Da ist Professor Li, als Spezialist für Bodenkunde auf dem Weg zu einem Kongress in Nanking. Nachdenklich schlürft er seinen Chrysanthementee: »Seit dreißig Jahren warnen wir vor den Gefahren der Erosion am Fluss – seit drei Jahren erst finden wir Gehör.« Da ist der distinguierte Firmenchef mit seinem Sekretär, der per Schiff zur Vertragsunterzeichnung nach Schanghai reist, »um mal zwei ruhige Tage zu haben«. Da sind die brüllenden, früh schon angetrunkenen Kantinenhelfer, die ihre Abfälle säckeweise über Bord werfen. Polizist Chen Qiang sollte derlei Frevel eigentlich unterbinden, kann jedoch seine Augen nicht überall haben. Seit acht Jahren sorgt er an Bord für Ruhe und Ordnung. Schlichtet bei Schlägereien, ermittelt bei Diebstählen, holt auch mal einen Lebensmüden von der Reling oder eine Schwangere aus der fünften in die zweite Klasse, wenn unterwegs die Wehen einsetzen. Auch Herr Chen scheint kein eingefleischter Romantiker zu sein, abgesehen von den vielen Comicheften in seiner Kabine. »Aber wenn ich so drüber nachdenke – ich glaube doch, ich mag den Fluss. Ich fühle mich hier sicherer als an Land.«

Und da ist eine schwatzhafte Mamsell aus der Mandschurei, unsere Quartiermeisterin, die sich für die Verwahrlosung ihrer Landsleute aus dem Süden schämt: »Meine Füße sind sauberer als deren Gesichter.« Tatsächlich gibt an Bord ein raues Völkchen den Ton an, Bau- und Landarbeiter zumeist, die ihr Glück in den Städten suchen. Ein fortwährendes Räuspern und Rülpsen tönt durch das Schiff, und nach Landesunsitte ballen sie ihre Hände in den Hosentaschen, als hielten sie dort Wunder was versteckt. Setzte die »Century Diamond« ein märchenhaft süßes Leben in Szene, regiert hier die Wirklichkeit in ihrer ganzen Schärfe.

Seit alters her fungiert der Jangtsekiang als der Äquator Chinas, der das Reich in einen nördlichen und einen südlichen Teil scheidet. Auf den letzten tausendachthundert Kilometern weist er lediglich fünfzig Meter Gefälle auf. Dröhnendes Gedränge herrscht auf dem kabbeligen Wasser; schon Marco

Polo staunte über den »unvorstellbar intensiven Schiffsverkehr« am Unterlauf. Über Nacht hat er sich nochmals geweitet, kein Ufer ist mehr auszumachen. Der Jangtsekiang mündet wieder in den Himmel ein. »Meerhaft« nannte ihn Kisch. Bei starkem Wind bleiben die Passagierschiffe zwischen Nanking und Schanghai am Ufer vertäut, da sie nicht hochseetüchtig sind. Dann heißt es warten oder auf Busse umsteigen. Bei auflaufender Gezeitenwelle schwimmen wir im Delta sogar gegen den Strom.

Bereits Stunden vor der Ankunft empfängt uns Schanghai mit dem Getöse und Gewimmel eines Welthafens. Eisgraue Fregatten, tuckernde Fischerkähne, Containerriesen unter Billigflaggen, Holzfrachter, Tragflügelboote. Nach der endlosen Ebene schwingt die Stadt sich hier zu staunenswerter Vertikale auf.

Von den Klüften Sichuans bis in die Straßenschluchten von Schanghai – die Reise könnte hier zu Ende sein. Doch bliebe dann nicht ein Wunsch schmerzlich unerfüllt: der, ein Stück gutes altes China erlebt zu haben? Also fahren wir per Bus zu einem amphibischen Ort im Delta, der in kaum einem deutschen Reiseführer verzeichnet steht. Und doch bildet Zhouzhuang, seit Maler und Filmemacher es als Kulisse entdeckten, eine der großen Attraktionen Chinas. Eine Zeitoase.

Ein Netz aus tintenschwarzen Kanälen durchzieht das verschachtelte Städtchen mit seinen unzähligen Brücken und Booten, verborgenen Tempeln, Teehäusern und Gärten. Trotz der Besucherströme geht das Leben unbeirrbar seinen Gang. Wir kehren bei Familie Ma ein, deren Antiquitätenladen vor zwanzig Jahren das erste Souvenirgeschäft im Ort war. Heute ist ganz Zhouzhuang eine Antiquität. Als sollte die Reise so rätselhaft und elegisch zu Ende gehen, wie sie es die meiste Zeit über war, geraten wir in eine Abschiedsfeier. Ururgroßmutter Xu Er-bao – »zweiter Schatz« – ist vor einigen Wochen an ihrem siebenundneunzigsten Geburtstag sanft entschlafen. Heute sagt ihr die Großfamilie Lebewohl, indem sie Gaben auf einem Scheiterhaufen verbrennt. Darunter ein Puppenhaus, Reis und Tee, Bettwäsche, neue Schuhe sowie Geldbündel aus Stanniolpapier, die sorgfältig Absender und Empfängerin vermerken. Und, als Mittelpunkt des Ganzen, ein dickes, rosarotes Schiff. Eine »Nr. 92« allein für sie und ihre letzte Reise.

Der Kampf der Könige

Akrobaten in Hunan

Gesetzt den Fall, er schafft es: Ob er dann nackt durch die Straßen rennen wird? Freddy Nock ist von Journalisten einiges gewöhnt, aber diese Frage befremdet ihn dann doch. Wieso das denn? Na ja, erklärt der Moderator von *Hunan TV*, das stehe so in den Zeitungen: dass die Schweizer, wenn sie sich freuen, gern nackt herumliefen.

Man weiß in Hunan so wenig über die Schweiz wie hierzulande über Hunan. Eine entlegene Provinz im mittleren Süden Chinas, die selbst viele Chinesen noch nie besucht haben, die aber für drei Dinge berühmt ist: für ihre scharfe, schmackhafte Küche, als Heimat Mao Tse-tungs und als Vorbild für die schwebenden Berge von »Avatar«. Die fantastischen Felsenwelten von Zhangjiajie und Wulingyuan gehören zu den großen Erosionslandschaften der Erde. Etliche Seilbahnen erschließen sie – und auf die haben es Freddy Nock und sein chinesischer Herausforderer Saimaiti Aishan abgesehen.

Die beiden frönen einer Leidenschaft, die wohl überhaupt nur ein Dutzend Menschen auf der Welt beherrschen: Sie laufen die Stahltrossen von Seilbahnen hinauf. Ohne Sicherung und ohne Netz. Auch ohne Fallschirm, obwohl das angesichts der fünfhundert Meter tiefen Schlucht von Zhangjiajie durchaus eine Überlegung wert wäre. »Aber dann wär's nicht so spannend«, erklärt Nock lapidar auf der Pressekonferenz. Den Drahtseilakt über dem Abgrund fürchtet er nicht, das ist schließlich sein Metier. Die wahre Mutprobe besteht für ihn darin, dass die angereiste Medienmeute, darunter Teams von zwanzig Fernsehsendern, ein paar Brocken Chinesisch von ihm hören möchte.

Der Fünfundvierzigjährige macht so gar nicht den Eindruck eines Lebensmüden. Im Gegenteil: Er steckt die ganze Pressekonferenz mit seiner Unbekümmertheit an. Sein Kontrahent dagegen wirkt verhalten und bedrückt. Liegt es daran, dass alle einen Sieg von ihm erwarten? Letztes Jahr ist er schon einmal ein Stück über diese Schlucht gelaufen, doch da waren seitliche Stützseile gespannt. Jetzt aber hängt das Kabel frei, reagiert stärker auf den Wind wie auch auf die Bewegungen der Akrobaten. Was sie denn bei einem Windstoß tun könnten, sorgt sich eine junge Reporterin. »Man balanciert das dann aus«, bescheidet Nock seelenruhig. So wie unsereiner sagt: Man formuliert das dann aus. Nur dass ein Fehlgriff in der Wortwahl nicht gleich fatale Folgen hat.

Dass alle Welt um sie bangt, daran sind die Artisten gewöhnt. Doch nachvollziehen können sie es kaum. »Ich weiß gar nicht, was die Leute immer haben«, bekennt Nock, und es schwingt keinerlei Koketterie darin mit. Von Kindesbeinen an ist er auf dem Seil zu Hause. »Da läufst du oben nicht anders als unten.«

Nein, das Unbehagen seines Herausforderers muss andere Gründe haben. Liegt es womöglich daran, dass er aus Xinjiang stammt? Jener unruhigen

Provinz im wilden Westen Chinas, der Heimat der turkstämmigen Uiguren. Zwar spricht Aishan besser Chinesisch als Nock, aber doch nur lückenhaft und mit starkem Akzent. Von seiner Heimatstadt Kaschgar aus liegt Ankara auch nicht weiter entfernt als Peking. Was jedoch den Berufsadel angeht, so kann seine Familie es mit sämtlichen chinesischen Dynastien aufnehmen: Seit über vierhundert Jahren hat sie Artisten hervorgebracht. Mit Aishan kommt das Flair des Orients nach Hunan, die Welt der Gaukler, Geschichtenerzähler und Musikanten, der Jahrmärkte und Basare Innerasiens.

Selbst Spross einer Zirkusdynastie, kennt Freddy Nock das unstete Schaustellerleben nur zu gut. »Wir Seilläufer sind eine weltweite Familie«, erklärt er den Reportern, »Saimaiti ist kein Gegner, sondern ein geschätzter Kollege.« Dennoch treten die beiden zu nichts Geringerem an als zu einem Duell auf Leben und Tod.

»Ich möchte morgen Früh ein bisschen laufen«, bittet Nock zum Abschluss, als handle es sich darum, ein paar Runden ums Hotel zu drehen. Doch er will aufs Seil. Will dessen Stärke und Stabilität erproben, will die Winde über der Schlucht spüren. Und so fahren sie anderntags hinauf zur Mittelstation. Ein schmeichelnd süßer Duft weht ihnen entgegen. Die Hänge des tausendfünfhundert Meter hohen Massivs sind mit Bambus und subtropischem Grün bestanden. Terrassenfelder bedecken ihre Ausläufer wie ein kunstvolles Mosaik.

Freddy Nock wird von seinem kleinen Schweizer Tross eskortiert, dem Manager, der Physiotherapeutin, dem Kameramann, alles langjährige

Freunde, dazu Lebensgefährtin Ximena. Sie sind die Aufregung gewohnt. Die übrigen Begleiter aber blicken erst hinauf zur Bergstation, dann hinunter in den Abgrund – und können es nicht fassen. Unmöglich, völlig unmöglich! Doch Artisten wie Nock leben davon, dass sie tun, was andere noch nicht einmal zu denken wagen.

Nur eine Stunde bleibt ihm, bevor die Seilbahn wie gewohnt anlaufen wird. Geschwind schraubt er die zehn Meter lange und zwanzig Kilo schwere Aluminiumstange zusammen. Dann kraxelt er wie ein Eichhörnchen die Sprossen des Stützpfeilers empor. Mittendrin baut er – hoppla! – einen Ausrutscher ein, dass allen der Atem stockt. Oben bekreuzigt er sich, stemmt sich aufs Seil, wuchtet die Stange hoch und läuft hinaus ins Nichts.

Nicht etwa langsam und tastend, sondern zügig, fast zackig. Der Blick geht nach vorn, nicht aufs Seil und schon gar nicht in die Tiefe. Eine unbegreifliche Szene: Ein Mensch spaziert durch die Luft, so mühelos wie ein Mannequin auf dem Laufsteg. Nach vielleicht dreißig Metern verharrt er, federt prüfend auf und ab, geht spielerisch ein paar Schritte rückwärts, federt wieder, und schließlich dreht er sich um und schnürt stracks zurück. Das war's. Wieder herabgestiegen, stellt er sich leutselig den Reportern. »Ich seh keine Schwierigkeiten.«

Doch darin täuscht er sich.

Gladiatoren des Gleichgewichts, wollen Nock und Aishan übermorgen einen Weltrekord versuchen und das längste je begangene Steilstück bezwingen. Die Balancierstange wird schon mal oben deponiert. Seit der Antike gilt sie als unentbehrliches Arbeitsgerät der Akrobaten. Bis Nock kürzlich bei den Weltmeisterschaften in Südkorea den vollen Kilometer wieder zurücklief, ganz ohne Stange, einfach so, aus Freude über den Sieg. Während etliche andere trotz der Stange das Gleichgewicht verloren und dann hilflos dreißig Meter über dem Fluss hingen. Woraufhin Nock abermals loszog und den Gestrauchelten zu Hilfe eilte. Sie zogen sich vorsichtig an ihm hoch, hielten sich an seinen Schultern fest, und dann wankten sie im Tandem zurück auf festen Boden. Seit dieser spektakulären Rettungsaktion ist Nock der wohl berühmteste Schweizer in Fernost.

Als das Team den Panoramaweg hoch oben auf den Klippen erkundet, werden sie auf Schritt und Tritt angesprochen. Manche fragen vorsichtshalber nach: *No-ke ma?* Bist du der Nock? Ja, lacht er, ich bin es. Und dann berühren und bestaunen sie ihn wie Jesus Christus. Nur dass der nicht alle Naslang für Gruppenfotos posieren musste.

Zhangjiajie ist die meistbesuchte Touristenattraktion Hunans – nicht zuletzt dank solch spektakulärer Aktionen. So hat Alain Robert, besser bekannt als »Spiderman«, das Himmelstor erklettert, ein hundertfünfzig Meter hohes Loch ganz oben in den Klippen. Ein andermal brauste eine Kunstflugstaffel durch diesen Spalt, und später rauschten dann noch Basejumper mit weiter nichts als einem Flügelanzug hindurch wie Batman höchstpersönlich. Etwas weiter südlich überspannt die längste Glasbrücke der Welt einen dreihundert Meter tiefen Abgrund –Nervenkitzel garantiert. Und nun also der »Kampf der Könige«. So titeln jedenfalls die Medien. Die Gondeln der Seilbahn werden still stehen, und mit ihnen die Herzen Zehntausender von Schaulustigen. Nicht zu reden von den zweihundert Millionen, die diesen Kampf im Fernsehen mitverfolgen werden.

Doch zuvor steht ein Ausflug in den Nationalpark Wulingyuan an. Eine Wunderwelt aus dreitausend Sandsteintürmen, schroff modelliert und üppig überwuchert, ein Habitat für Elfen und Einhörner. Eine der bis zu zweihundert Meter hohen Felsensäulen wurde kürzlich Halleluja-Berg getauft – nach dem Welterfolg von »Avatar«. Denn diese steinerne Skyline soll James Cameron zu den surrealen Wäldern und den schwebenden Felsen seiner Science-Fiction-Saga inspiriert haben. »Luftberge« und »Luftfelder« kennt man in Hunan seit alters her. Da die mittleren Partien der Felstürme stärker erodieren als die oberen, sind viele keulenartig geformt. Wer von der Spitze herabschaut, sieht den Grund nicht. Schon gar nicht, wenn, wie häufig, Nebel oder Wolken durchs Tal wallen und die Berge tatsächlich zu schweben scheinen.

Analog zu den Sandsteinformationen in der Sächsischen oder der Fränkischen Schweiz ließe sich diese Wunderwelt als »Chinesische Schweiz« etikettieren. Nur dass die Felspfeiler hier dreimal so hoch und zehnmal so zahlreich aufragen wie ihre deutschen Pendants. Und so passt es denn auch, dass sie nicht, wie die Traumgebirge der Romantik, durch Maler und Poeten berühmt gemacht wurden, sondern durch den Regisseur eines Fantasy-Films.

»Gewiss, ich hatte von Pandora gehört. Aber ich hätte nie geglaubt, dass ich mal dorthin fliegen würde«, berichtet der Held von »Avatar«. Den Besuchern Hunans ergeht es nicht anders. Man kommt da nicht eben mal vorbei, es liegt fernab der üblichen Routen durch China. Doch nun setzt die Region alles daran, dies zu ändern, und vermarktet sich offensiv als Filmschauplatz. Obwohl hier gar nicht gedreht wurde, bewerben chinesische Veranstalter Trips nach Hunan als »magische Reisen nach Pandora«, und schon am Flughafen empfängt die Gäste eine blauhäutige, katzenäugige Riesenschönheit. Und dann wollen natürlich alle auch den Halleluja-Berg sehen. Es fehlte nicht viel, und Hunan hätte sich komplett in »Pandora« umbenannt. Doch dann wäre es womöglich als abtrünnige Provinz eingestuft worden.

Am Abend sind Nock, Aishan und ihre Teams Gäste in der Freilichtbühne von Zhangjiajie. Zu Füßen einer himmelhohen Felswand führen fünfhundert Mitwirkende dort allabendlich das Musical von der Fuchsprinzessin auf. Die Story ist der von »Avatar« gar nicht unähnlich, nur ein paar Tausend Jahre älter. Ein schlankes, anmutiges Mischwesen, eben jene Fuchsprinzessin, verdreht einem ebenso einfältigen wie herzensguten Bauernburschen den Kopf. Eine fulminante Produktion, mit opulentem Dekor, ausgeklügelter Lichtregie und einer Massenchoreografie in gewohnter chinesischer Perfektion. Der Regisseur war an der Eröffnungsfeier der Olympischen Spiele in Peking beteiligt, und die Musik stammt von keinem Geringeren als Tan Dun, Chinas bekanntestem Komponisten.

Während entlang der Strecke die letzten Vorbereitungen getroffen werden, unternehmen die Gäste aus Europa noch einen Ausflug nach Fenghuang. Sich in ein von Reisterrassen gesäumtes Flusstal schmiegend, formen die Gassen, Mauern und Brücken der alten Handelsstadt ein gemütliches Labyrinth. Dieses fernöstliche Rothenburg hat sein historisches Flair bewahrt wie nur wenige andere Orte Chinas. Noch immer lebt ein Großteil der Bewohner wie in einem Freilichtmuseum, noch besuchen die Kinder die alte Schule im Ort, noch überspannen einfache Holz- und Pontonbrücken den Fluss, an dem die Frauen frühmorgens klatschend ihre Wäsche waschen. Vor allem abends, wenn die blaue Stunde naht und die Lampions und Lichterketten zu leuchten beginnen, entfaltet Fenghuang einen heiteren Zauber, dem gerade die westlichen Besucher so rettungslos verfallen wie der Holzfäller der Fuchsprinzessin.

Am nächsten Tag dann der Showdown, natürlich um die Mittagsstunde. Die Seilbahn steht still, die Serpentinen der Bergstraße sind von Menschenmassen gesäumt. Entlang der Strecke sorgen mehrere Folkloregruppen für Stimmung. Hunan ist ein Mosaik der Minderheiten, ursprünglich bewohnt von Bergvölkern wie den Miao, den Tujia und den Dong, bevor die Han-Chinesen nach Süden vordrangen. Noch bis vor Kurzem waren die Ureinwohner als schwer erziehbare Strauchdiebe und Opiumbauern verschrien. Sie leisteten den Nationalisten Widerstand, sie leisteten den Kommunisten Widerstand. Zur Strafe müssen sie sich nun bei solchen Anlässen Kostüme überziehen und unaufhörlich singen, trommeln und tanzen. Folklore ist die Propaganda der Provinz.

Der Herausforderer tritt als Erster an. Einsam steht er oben am Pfeiler, ein winziger Mensch in heroischer Landschaft. Das weiße Hemd und die zinnoberroten Stulpenstiefel leuchten im Dunst. Aishan läuft stracks drauflos. Doch bald gerät er ins Stocken, überbrückt sein Verharren aber geschickt mit Zirkusnummern. Rutscht in den Spagat, legt sich gemütlich aufs Seil und rollt die Stange auf dem Bauch. Schneller als man schauen kann richtet er sich dann wieder auf und läuft ein Stück weiter. Applaus brandet auf.

Nach fünfzig Metern erreicht er die erste Gondel. Vorsichtig klettert er über deren Aufhängung hinweg und setzt seinen Weg fort. Man kann gar nicht hinschauen, aber man muss hinschauen – das ist das Zirkusparadox. Seilläufer sind Menschenopfer und Übermenschen in einem.

Und dann stürzt er.

Es geht blitzschnell. Ein Herzbeben durchzuckt die Zuschauer, ein vielstimmiger Schrei hallt von den Felswänden wider. Irgendwie fängt Aishan sich am Seil und schafft es auch, die Stange festzuhalten. Schutzlos baumelt er an dem stählernen Zopf und versucht sich zu stabilisieren. Ist er verletzt? Doch langsam kommt er wieder auf die Beine und reckt die Faust empor. Applaus, Applaus, Applaus.

Er balanciert zurück zur Gondel, lässt die Stange aufs Dach herab und dann in einem Klimmzug auch sich selbst. Alle sind unendlich erleichtert – als wäre er dort schon auf festem Grund und Boden. Schließlich läuft die Bahn an und trägt ihn zurück zur Starttribüne. Ein bisschen sieht er aus wie Lohengrin im Kahn – große Oper.

Freddy Nock steht schon bereit, mit einem großen Schweizerkreuz auf der Jacke. Er firmiert hier als Exot, als der Freak aus Europa. Kaum ist Aishan zurückgekehrt, läuft Nock munter drauflos. Er will hoch hinaus, womöglich bis zum Gipfel. Die Enden seiner Stange wippen wie die Fühler eines Heupferds. Doch dann stockt auch er. Geht weiter. Stockt wieder. Beim ersten Mal winkt er leutselig herüber, beim zweiten Mal wischt er sich den Haarschopf aus der Stirn. Aber das ist nicht die gewohnte Choreografie.

Ob es am Wind liegt? Anders als am Vortag steht die Sonne jetzt im Zenit, Aufwinde streichen durch die Schlucht. Doch eigentlich nichts Dramatisches. Man balanciert das dann aus.

Das Kabel wird steiler. Nock stiefelt weiter. Zehntausende schauen auf ihn, und doch ist er dort draußen der einsamste Mensch der Welt. Fürs Publikum beginnt die längste Viertelstunde aller Zeiten. Etwa dreihundert Meter weit arbeitet er sich über die Schlucht. An der nächsten Gondel – sinnigerweise ist die Seilbahn made in Switzerland – verharrt er dann. Sein Ehrgeiz ringt mit der Vernunft. Schließlich gibt auch er das Zeichen zum Rückzug.

Kaum dass die Erde ihn wiederhat, bestürmt man ihn mit Fragen. Nicht der Wind war das Problem, berichtet er, auch nicht die Steigung. Sondern das Kabel. Es hatte wohl nicht genug Spannung, es zwirbelte unter den Füßen hin und her. Beim Training war es windstill, und sie liefen offenbar nicht weit genug nach draußen, um diesen Drall zu spüren.

Beide haben gewonnen, schließlich leben sie noch. Auch der Uigure wirkt jetzt gelöster, er strahlt und scherzt – zweiter Sieger. Möglich auch, dass er seinen Sturz willentlich herbeiführte, dass dieses Beinahe-Opfer es ihm ermöglichte, sein Gesicht zu wahren und das seines Herausforderers gleich mit. Als echte Seilläufer schauen sie schon wieder nach vorne. Nächste Woche wird Aishan die steinerne Skyline von Zhangjiajie mit der von Schanghai vertauschen und eine Todesnummer zwischen zwei Wolkenkratzern wagen. Freddy Nock liebäugelt mit dem Matterhorn. Auch wenn er das selbst gesteckte Ziel diesmal nicht erreichte, hat er trotzdem einen inoffiziellen Rekord aufgestellt: Nie zuvor lief ein Mensch ungesichert über einen derart tiefen Abgrund. Den Langstreckenrekord muss er nun ein andermal brechen. Vermutlich ist er deshalb hinterher nicht nackt durch Zhangjiajie gerannt.

Die Seidenstraße auf Schienen

Zwischen Orient und Fernem Osten

Nichts, nichts, nichts. Nur bleiche Grasbüschel auf noch bleicherem Boden, ausgedörrt von einer fahlen, weißen Sonne. Die Fahrt führt durch die Steppen Innerasiens. Kaum vorstellbar, dass sie einst Brücke sein konnten zwischen China und dem Abendland. Und doch war diese Zone einmal reich und voller Leben, war wirklich Mitte und nicht Rand.

Eine epische Reise führt seit Kurzem hindurch: eine fast dreiwöchige Bahnfahrt von Kasachstan durch Chinas Westen bis hinauf nach Tibet. Sie deckt sich mit zwei Hauptsträngen der Seidenstraße, jenem Netz alter Handelswege, auf denen Geld und Güter, Sklaven und Soldaten, Nachrichten, Ideen, ja ganze Religionen hin- und herwanderten.

Das kasachische Almaty bildet die erste Station dieser fünftausend Kilometer langen Reise durch den Doppelkontinent. Doch wo endet Europa, wo beginnt Asien? Es gibt keine klaren geografischen Grenzen, auch keine kulturellen, nur fortlaufende Übergänge. Es gibt nur Eurasien. In Almaty leben Russen, Ukrainer und Georgier als Hinterbliebene der Sowjetunion. Doch ebenso Mongolen, Turkmenen und Tadschiken. Und Kasachen natürlich, ihrerseits zusammengewürfelt aus allen Windrichtungen der Steppe. Hier leben aber auch, als Folge von

Stalins rabiaten Völkerrochaden, Zehntausende von Koreanern und Wolgadeutschen. Sogar ein deutschsprachiges Theater gibt es – sechs Flugstunden östlich von Frankfurt!

Dahinter ragt das Tienschan-Gebirge (Tian Shan) mit den nördlichsten Siebentausendern der Erde auf. Vor gar nicht langer Zeit noch trugen sie Namen wie Pik der Stalin'schen Verfassung oder Pik Zwanzig Jahre Komsomol; auch Geografie macht Propaganda. Dieser Himmelsberge wegen muss der Zug zunächst weit nach Norden ausweichen. Die Schlafabteile warten mit Rüschengardinen und mit einer demonstrativ mürrischen Schaffnerin auf. Nach einer ruhigen Nacht geht die Fahrt am Balchaschsee entlang, einer salzigen Pfütze von der fünfunddreißigfachen Fläche des Bodensees. Am Grenzposten Druschba (Freundschaft, kasachisch Dostyk) muss der Zug schließlich umgegleist werden, von der russischen Breitspur auf die auch in China gebräuchliche Normalspur. Eine Karawanenstation der Moderne. Zusammen mit den Grenzformalitäten zieht diese Prozedur sich über viele Stunden hin. Das Warten ist die geistige Entsprechung zur Steppe: gleichförmig und unausweichlich. Die dreihundert kasachischen Studenten im Zug lesen, plaudern oder spielen Karten. Sie fahren zu ihren Universitäten in Ürümqi oder gar im fernen Xi'an. In China, sagen sie, liegt ihre Zukunft.

Auf hohem Land: Mit stiller Besorgnis blicken wir hinaus in die entmutigenden Weiten. Erst seit zwanzig Jahren durchquert die Eisenbahn dieses Gebiet, das weiter vom Meer entfernt liegt als jedes andere der Erde und den »eurasischen Pol der

Unzugänglichkeit« sein Eigen nennt. Zwar war der Anschluss des chinesischen Schienennetzes an die sowjetische Turksib schon in den fünfziger Jahren geplant, doch dann zerstritten sich die beiden Riesen, und statt schwüler Freundschaft herrschte fortan Permafrost. 1968 wurden an der Grenze massiv Truppen zusammengezogen und die Feindseligkeiten hätten, ähnlich wie in der Kubakrise, zu einem Krieg eskalieren können, womöglich zu einem nuklearen Krieg. Vier Jahre zuvor hatte China seine erste Atombombe gezündet. Doch das Ungleichgewicht des Schreckens blieb bestehen, und schließlich öffnete das Reich sich zögernd auch der Welt.

Die Dschungarische Pforte ist so etwas wie der Brenner von Zentralasien, eine Bresche zwischen dem Tienschan- und dem Altai-Gebirge, der noch am leichtesten zu passierende Übergang zwischen Orient und Fernem Osten. Rund hundertvierzig Jahre ist es her, dass ein russischer Forscher und Offizier polnischer Herkunft, Nikolai Michailowitsch Przewalski, in der Dschungarei die letzten Wildpferde der Erde entdeckte. Ihm zu Ehren wurden sie Przewalski-Pferde benannt. Den Einheimischen aber waren sie als *Takhi* seit je vertraut, und vereinzelt tauchten sie auch in der Literatur auf. In der »Geheimen Geschichte der Mongolen« aus dem dreizehnten Jahrhundert gerät kein Geringerer als Dschingis Khan durch eine *Takhi*-Herde zu Fall, die unvermutet seinen Weg kreuzt und sein Pferd scheuen lässt. Im Westen aber hatte man bis zu Przewalskis Fund keine Kenntnis von ihnen. Und schon zu seiner Zeit waren sie ausgesprochen rar, dezimiert durch Bejagung und durch die Konkurrenz domestizierter Pferde um Wasser und Weidegründe.

Auf chinesischem Gebiet erfolgte die letzte Sichtung 1958, nachdem der Pekinger Zoo zuvor vergeblich zwei Fangexpeditionen in die Dschungarei geschickt hatte. Aus der Mongolei kamen noch bis Anfang der siebziger Jahre Berichte, danach mussten die Pferde als ausgestorben gelten. Lediglich in Zoologischen Gärten hatten einige wenige Exemplare überlebt; die Gebrüder Heck waren bei dieser Rettungszucht federführend gewesen.

In den neunziger Jahren ging man daran, einzelne Tiere in ihrer ursprünglichen Heimat auszuwildern. Zunächst in der Mongolei, später auch rund um das Kalamaili-Schutzgebiet in Xinjiang. Harte Winter, weitreichende Bergbauaktivitäten und etliche Wildunfälle nach dem Ausbau einer Schnellstraße führten immer wieder zu Rückschlägen. Hinzu kamen natürliche Feinde wie die Wölfe. Dennoch liegt der Bestand in freier Wildbahn in China inzwischen bei etwa hundertfünfzig Tieren.

In noch trockeneren und abgeschiedeneren Gebieten südlich des Altai hat auch das wilde, zweihöckrige Trampeltier überlebt, das Baktrische Kamel. Es wurde ebenfalls von Przewalski erstmals wissenschaftlich beschrieben. Anders als bei den Pferden hat die Wildform hier durchgängig überdauert, wenngleich in sehr geringer Zahl, sodass sie bis heute akut gefährdet ist. Umso wichtiger wird der Schutz ihres gemeinsamen Lebensraums. Immerhin handelt es sich um die Stammformen von zwei der wichtigsten Nutztiere der Menschheit. Vieles spricht dafür, dass sie einst rund um den Altai domestiziert wurden, vermutlich noch mit dem Rentier im Bunde. Auf ihren Rücken eroberten die Mongolen das größte Imperium der Geschichte.

Es dunkelt bereits, als der Zug wieder anrollt. Von der Grenzstation weht eine muntere Fanfare herüber. Hier herrscht Ordnung, signalisiert sie. Hier herrscht Optimismus. Hier herrscht China. Das riesige Reich durch die Hintertür zu betreten, auf dem Landweg nämlich, hat seinen eigenen Reiz. Es geht hinein in die Provinz Xinjiang, wörtlich »neue Grenze«. Über Jahrhunderte war die Region Teil des »Großen Spiels« zwischen Britisch-Indien, Russland und China um die Vorherrschaft in Zentralasien. Nach vorübergehender Unabhängigkeit wurde Ost-Turkestan 1949 endgültig von China annektiert. Xinjiang besitzt den Status einer »autonomen Provinz«, doch Peking diktiert die Spielregeln. Wie alle fünfundfünfzig Minderheiten unter Chinas großem, schwerem Dach dürfen auch die Uiguren gerne pittoresk sein, doch partout nicht politisch.

Am Morgen zeigt die Landschaft sich dann deutlich grüner. Baumwollpflücker arbeiten sich durch endlose Plantagen. Nach sowjetischem Vorbild und unter Führung des Militärs wurden in den fünfziger Jahren riesige Baumwollfarmen angelegt, um mit der Wüste zugleich auch die neue, noch mehrheitlich von Uiguren bevölkerte Westprovinz zu kolonisieren. Damals stand ein einziges zweistöckiges Gebäude in Ürümqi. Heute hat die Stadt 2,6 Millionen Einwohner und eine vieltürmige Skyline. Auf den Straßen herrscht erneut eine bunte Mischung der Ethnien, darunter auch Uiguren. Ein Turkvolk.

Wer auf dem Basar nicht genau hinhört, glaubt sich auf einem Kreuzberger Wochenmarkt.

Die Seidenstraße – etwas Zartes auf etwas Robustem. Dieser charismatische Begriff geht auf Ferdinand Freiherr von Richthofen zurück. Im Auftrag der internationalen Handelskammer von Schanghai erforschte er als erster Europäer systematisch China. Halb noch im Humboldt'schen Geist enzyklopädischer Weltkunde, halb schon mit industriellem Nützlichkeitsdenken. Der Bleistift baumelte stets griffbereit um seinen Hals. Sein Hauptwerk umfasste dreitausend Seiten, hinzu kamen zweihundert Aufsätze und ein monumentaler Atlas von China. Doch manchmal will es scheinen, als wäre davon nur dieser eine Begriff übrig geblieben, der weltweit Karriere machte und Generationen von Reisenden nach Asien lockte. Darunter auch seine Schüler, allen voran Sven Hedin. Der gerade jene Regionen erforschte, von denen sein Lehrer immer geträumt hatte: »Centralasien und Tibet sind doch mit die interessantesten Gebiete des Erdballs.« Auch dessen Diener Paul Splingaerd beherzigte diese Mission, nahm den Namen Lin Fuchen an, heiratete eine Chinesin und ließ sich als einer von ganz wenigen Europäern in Xi'an nieder.

Am Anfang stand Richthofens 1877 erschienene Abhandlung »Über die centralasiatischen Seidenstraßen«. Bei Ausgrabungen war damals Seide als Grabbeigabe und als Stoffrest in Karawansereien gefunden worden. Richthofens Thesen über die Kulturgeschichte des Austauschs besitzen bis heute Gültigkeit: »Trotz des Handelsgeistes dürfen wir nicht annehmen, daß es den Chinesen möglich war, die Producte ihres Landes nach fernen Märkten selbst zu bringen. Der Handel war nicht, wie in späterer Zeit, ein Strom, der ungehemmt vom Land der Production nach den Centren der Consumtion floss, sondern er ging von Hand zu Hand durch eine Fülle von Hindernissen, die Natur und Menschen ihm setzten, und das Volk, das die Seide bereitete, wusste ebensowenig, wohin sie ging, als es den Empfängern bekannt war, woher sie kam.«

Schon die Römer delektierten sich an Seide, sie war das spektakulärste Produkt, das auf dieser endlos langen Landbrücke zwischen Mittelmeer und Gelbem Meer gehandelt wurde. Zusammen mit zahllosen anderen Gütern, nur dass der Name »Wollstraße« keine vergleichbare Aura entfaltet hätte. Von Westen her kamen Glas, Gold und Edelsteine, von Osten Textilien, Tee und Porzellan, dazu aus beiden Richtungen Waffen und Pferde. Auch der Begriff der Straße weckt falsche Vorstellungen. »Straßen!«, tönte Sven Hedin. »Es gibt keine anderen Pfade als die, welche wilde Yaks, Esel und Antilopen ausgetreten haben. Wir machten im wahrsten Sinne des Wortes unseren Weg. Es ist jedoch ein Irrtum, zu glauben, daß eine solche Reise in unermeßliche Einsamkeit quälend wäre. Es gibt kein erhabeneres Schauspiel.«

Eine befestigte Straße hätte für Karawanen keine Vorteile geboten. Festen Untergrund braucht es für Fuhrwerke oder Fußtruppen – Reit- und Lasttiere dagegen stört er nur. Jeder, der einmal länger auf Kopfsteinpflaster oder Asphalt geritten ist, wird dies seufzend bestätigen. Da eignen sich Sand oder Grasland weit besser, und von dort stammen Kamel und Pferd ja auch her. Wüsten stellen für Karawanen kein Hindernis dar, sondern gut gangbares Terrain, sofern sich nur Wasser und Stützpunkte darin finden. Im Wald etwa wäre ein Fortkommen weitaus schwieriger, vor allem mit Packtieren. Weshalb die Seidenstraße nicht durch Sibirien lief.

Begleitet vom rhythmischen Ostinato der Räder, geht es am Rande der Taklamakan dahin. »Land der Pappeln« – welch merkwürdiger Name für eine Wüste. Er zeugt davon, dass hier entlang der Flüsse einst ausgedehnte Auwälder wuchsen, amphibisch, artenreich und üppig grün. Der wichtigste Wasserlauf war der Tarim, der nach zweitausend Kilometern in ein Binnendelta mündete, der Okavango Innerasiens. Heute versiegt er nach gut tausend Kilometern, und der Lop Nor, der noch vor fünfzig Jahren die zwanzigfache Fläche der Müritz hatte, erscheint auf den Landkarten nur mehr als schraffierter Phantomsee. Er war Richthofens großes Rätsel gewesen, wichen die Angaben Przewalskis und anderer europäischer Forscher doch um volle zwei Breitengrade von den chinesischen Karten ab. Sven Hedin ging dieser geografischen Fata Morgana nach, erkannte den Lop Nor als »wandernden See« und den Tarim als »nomadisierenden Fluss«.

Seit der Eingliederung Xinjiangs hat China ihm buchstäblich das Wasser abgegraben. Während die Plantagen am Mittellauf ergrünten und die Städte anschwollen, versiegte der Unterlauf. Die Flussoasen versalzten und versandeten, die Wüste griff um sich. Die reichen Wälder, durch die Hedin in den dreißiger Jahren mit dem Floß hindurchgefahren war, und in denen damals noch Tiger lebten, sind längst abgestorben. Nun aber soll ein milliardenschweres Programm diese »grünen Mauern« wiedererstehen lassen, vor allem durch Einleiten von Wasser aus Gebirgsstauseen in den Tarim. Tatsächlich zeigte die Ufervegetation bei Probeläufen eine bemerkenswerte Fähigkeit zur Regeneration, und selbst der Lop Nor kam kurz wieder zum Vorschein.

Allgemein werden Umweltfragen durchaus ernst genommen in China. Nur dass eben immer auch entgegengesetzte Kräfte am Werk sind. Die Agrarbetriebe, die Schwerindustrie und die mächtigen Stadtverwaltungen gehören nicht gerade zu den Unterstützern des Programms. Andererseits wird das Problem der Verwüstung im ganzen Land ausgiebig diskutiert. Es handelt sich eher um einen klassischen Interessenkonflikt als um ein Tabuthema. Wobei einige Aspekte tatsächlich tabu sind: einmal die Minderheitenpolitik, zum anderen die einzigen Niederschläge, die diese Wüste kennt: radioaktiven Fallout. Sowohl am Lop Nor wie auch in Semai, dem früheren Semipalatinsk im Osten Kasachstans, wurden über Jahrzehnte hinweg Kernwaffen getestet. Staubstürme verwirbeln den Boden über halb China, und mit ihm die Aerosole der Atombomben.

Der Wind, dieser wahre Herrscher der Wüste, hat hier schon ganze Züge umgeworfen. Er besitzt freilich auch seine guten Seiten und liefert beispielsweise Energie. Asiens größter Windpark steht im Tarimbecken; im benachbarten Gansu wächst gar der größte der Welt empor. Zudem wurde in der Taklamakan Öl gefunden, sodass im Namen dieser Einöde heute Verheißung mitschwingt. Nach dem Vorbild Tibets soll eine Eisenbahn nun auch für Xinjiang den Durchbruch bringen, indem die schon bestehende West-Ost-Verbindung zu einem riesigen Oval rund um die Wüste erweitert wird. Und das logistische wie propagandistische Großprojekt *Yidai, Yilu* (»ein Gürtel, eine Straße«) soll die Seidenstraße im einundzwanzigsten Jahrhundert neu beleben.

Die Taklamakan war seit je ein Grenzbereich. Mal gewann der Mensch die Oberhand, mal die Wüste. Für den Triumph des Menschen steht das uralte orientalische Bewässerungssystem der *Karez*, ein Netz von Kanälen, die das Schmelzwasser des Tienschan in die Felder leiten. Hier, wo selbst Flüsse versiegen, verlaufen sie wohlweislich unterirdisch – in zwanzig, fünfzig, ja hundert Metern Tiefe. Das *Karez*-Museum bei Turfan (Turpan) gewährt einen Einblick in diese faszinierende Bewässerungskultur, und willkommene Kühle dazu. Mit drei Monaten en suite über vierzig Grad zählt die Turfansenke, bis zu hundertfünfundfünfzig Meter unter dem Meeresspiegel gelegen, zu den heißesten Regionen der Erde.

Für den Triumph der Wüste wiederum stehen Gaochang und Jiaohe – antike Städte, die der Wind gefressen hat. Besucher werden auf Eselskarren dorthinkutschiert, über eine sandige Ebene, die so heiß und trocken wie ein Backrohr ist. Wie konnten diese Städte hier erblühen, und woran gingen sie zugrunde? Klimawandel, Kriege, Völkerwanderungen? Noch Marco Polo gab an, hier nestorianische Christen und Zoroastrier getroffen zu haben, Manichäer und Muslime, Buddhisten und »Götzendiener«. Als jedoch um 1900 westliche Archäologen anrückten, lag all dies unter Sand begraben. Mitsamt der Wüstenbibliotheken von Turfan und Dunhuang, die Zehntausende von Texten umfassten, in Aramäisch, Sogdisch, Persisch, Uigurisch, Chinesisch und Sanskrit. Unterwegs auf der Seitenstraße. Selbst ausgestorbene Idiome wie Tocharisch erstanden hier wieder auf. Die dazugehörigen Mumien entpuppten sich als blond und blauäugig …

Eine Ahnung der einstigen Hochkultur vermitteln auch die Grotten in der Schlucht von Bäzäklik. Dort reihen sich sechzig Felsnischen aneinander wie die Fenster eines Adventskalenders. Doch die meisten Fresken und Figuren dieser vierzehnhundert Jahre alten Pilgerstätte schmücken längst Museen in Europa, diesem zerklüfteten Anhängsel im äußersten Nordwesten chinesischer Landkarten.

Die nächste Station unserer Kreuzfahrt auf Schienen liegt dann bereits tausend Kilometer weiter östlich: Lanzhou am Gelben Fluss. Es ist die westlichste Metropole des eigentlichen China. Zwischen kahle Berge gezwängt, hat es bis heute etwas vom Charakter eines Außenpostens bewahrt. Ausgerechnet hier aber stoßen wir auf ein deutsches Relikt: Die eiserne Brücke über den Huang He war ein »Geschenk« von Kaiser Wilhelm II.

Lanzhou lädt zur Zeitreise – so war China vor zwanzig Jahren. Mit dem Blaumann als vorherrschender Arbeiter- und Bauernkluft, mit kollektiver Morgengymnastik im Park und den Schlagern der neunziger Jahre auf den Straßen. Langnasen werden als seltene Spezies noch begeistert fotografiert. Die Menschen wirken unerfahren und unverdorben; eine Hundert-Yuan-Note kriegt man kaum gewechselt, die Leute kommen im Alltag mit bescheidensten Beträgen aus.

Das Provinzialmuseum beherbergt ein Kunstwerk von Weltrang: das Fliegende Pferd von Gansu. Eine gut zweitausend Jahre alte Bronzefigur, deren Entdeckung sich der Krise mit der Sowjetunion verdankt. Damals wurden die Bewohner der Stadt Wuwei angewiesen, Unterstände für den Luftschutz auszuheben. Dabei stießen sie auf zweihundert Grabbeigaben, darunter das Fliegende Pferd. Der Schriftsteller und Archäologe Guo Muruo erkannte seine künstlerische Qualität wie auch seine Symbolkraft als eine Art chinesischer Pegasus. Das Ross touchiert die Erde allein mit dem rechten Hinterhuf. Doch was heißt Erde – eigentlich schwebt es gänzlich in der Luft, oder vielmehr auf einem Vogel, der mal als Schwalbe, mal als Falke angesehen wird. Seit den achtziger Jahren benutzt das Staatliche Amt für Tourismus die Statuette als Emblem. So ist das Fliegende Pferd zum Botschafter einer ganzen Kulturnation geworden.

Sämig und schäumend zieht der Huang He dahin. Per Boot geht es zu einer der bedeutendsten Kultstätten entlang der Seidenstraße, zu den tausendsechshundert Jahre alten Höhlentempeln von Binglingsi. Nur wenn der Stausee genug Wasser hat, kann man sie besuchen. Mitten in der Bergeinsamkeit prangen riesige Slogans für die Ein-Kind-Politik. Sie mahnen auch, dass Söhne und Töchter gleichwertig seien und dass bei Wohlverhalten höhere Renten winkten. Ein Spalier aus Trauerweiden empfängt uns dann am jenseitigen Ufer. Inmitten einer bizarren Karstlandschaft klaffen an die zweihundert Höhlen voller Buddhastatuen. Wieder herrscht diese weiche, nachgiebige Stille. Wie ein einsamer junger Mönch erzählt, lebten hier bis zur Kulturrevolution dreihundert Mönche. Jetzt sind es nur mehr acht.

Das nächste Kloster, Kumbum, liegt dann bereits am Nordrand des tibetischen Hochlands. Es beherbergt immerhin noch dreihundertfünfzig Mönche – doch vor der Kulturrevolution waren es zehnmal so viele, eine ganze geistliche Garnison. Heute gleicht Kumbum eher einem buddhistischen Themenpark und schmort im Fegefeuer des Fremdenverkehrs. Touristen und Pilger halten sich die Waage.

Am Bahnhof des nahen Xining mischen sich die Reisenden abermals zur großchinesischen Völkerschau: Muslimische Patriarchen mit zauseligen Bärten warten Seite an Seite mit eleganten Chinesinnen in klassischen *Qipao*-Kleidern. Kopftuchbewehrte Matronen entblößen lächelnd ihre Goldzähne, und Wanderarbeiter aus Sichuan hocken neben tibetischen Yuppies mit Pferdeschwanz und Pelzkragen.

»Train comes and happier life is also coming!« Das Plakat im Wartesaal verkündet nichts Geringeres als eine Revolution. Das Dach der Welt wird runderneuert. Als wichtigstes Werkzeug dafür dient die hochmoderne Tibet-Bahn. Für die zweitausend Kilometer durchs Hochland braucht sie etwa einen Tag. Noch vor fünfzig Jahren hätte die Reise drei Monate gedauert. Przewalskis erste Expedition musste hier gar noch kapitulieren: »Das Land sperrt sich gegen Eindringlinge wie eine ungeheure, von Zyklopenmauern umgebene Festung.«

Draußen heroische Weite. Manchmal ein einsamer Reiter oder eine rauchende Jurte. Ein Rudel

Tibetantilopen nimmt Reißaus – noch haben sie sich nicht an das brausende Ungetüm gewöhnt, das ihre Reviere durchschneidet. Drinnen überall WLAN und Fernseher über jedem Bett. »4800 Meter« verkündet die Leuchtanzeige im Waggon – die Gipfelhöhe des Mont Blanc. Am Ende klettert sie gar bis auf fünftausendundneunundsiebzig. Höchste Eisenbahn! Dank der Druck- und Sauerstoffanpassung ist davon im Zug kaum etwas spürbar, vielleicht macht das Lachgas ja alle auch ein wenig high. Jedenfalls lässt sich Tibets extreme Höhe dann, auch dank der Akklimatisierung in Lanzhou und Xining, ganz gut bewältigen.

Viele Passagiere im Zug sind Tibeter. Manche waren zum ersten Mal außerhalb ihrer Provinz, darunter eine Gruppe Näherinnen auf Betriebsausflug. Herr Hu, der Bahnpolizist, gibt sich merklich abgeklärter; er fährt die Strecke fünfmal im Monat. »Ich soll bei Diebstählen und Streitereien einschreiten. Aber es passiert nie was.« Stattdessen schäkert er mit den Köchen oder den Schaffnerinnen und verkauft auch mal Apfelsaft am Tresen. So dient er dem Volk mit Leib und ganzer Seele.

Blumige Durchsagen ermahnen die Reisenden, in Tibet die örtlichen Sitten und Gebräuche zu respektieren. Also im Tempel nicht zu rauchen, keine Figuren zu berühren und nicht auf Türschwellen zu treten. Zwischendurch passiert der Zug Kasernen draußen im Nirgendwo. Ob auch die chinesischen Soldaten einen solchen Leitfaden über den Umgang mit kostbarer Kultur erhalten?

Der Bahnhof von Lhasa wirkt moderner als viele Flughäfen, obwohl er die archaische Formensprache tibetischer Bergfestungen zitiert. Das ist der Clou der Tibet-Bahn: Ein Hightech-Transportmittel, das durch ein Entwicklungsland saust. Entsprechend stark erscheint dann der Kontrast zum alten Tibet. Im Herzen von Lhasa umrunden Pilger den Jokhang-Tempel, untermalt von scharrenden Geräuschen. Sie werfen sich nieder, erheben sich, gehen ein paar Schritte, nur um sich abermals niederzuwerfen. Hoch über der Stadt thront die Gralsburg des Potala-Palastes. Ein Haus ohne Hüter, das heute nur mehr als Symbol verehrt wird.

Andere Klöster dagegen erfüllen noch ihre religiöse Funktion. Sie zeigen sich von einer Opulenz, gegen die selbst bayerischer Barock asketisch wirkt. In den entlegeneren prangen indes noch Mao-Sprüche, als wäre die Kulturrevolution darin eingefroren. Gespannte Ruhe bestimmt das Bild. An der Oberfläche scheint Alltag eingekehrt, und mehr als die Oberfläche ist bei der obligatorischen Gruppenreise auch nicht zu erfassen. Schon gar nicht, wenn der ebenfalls obligatorische Führer auf Fragen aller Art nur mit einem verlegenen Mantra antwortet: Darüber darf ich nicht sprechen.

Gleichwohl gerät die Rundfahrt durchs weite Tal von Lhasa zu einem letzten Höhepunkt. Vier Tage lang führt sie durch grandiose Panoramen und zu prachtvollen Kulturschätzen in nächster Nähe zum Himmel. Der, welch seltene Wohltat im Land des ewigen Dunstes, in sattem Blau erstrahlt. Ausgerechnet Tibet wirkt dadurch freier und erleuchteter als Chinas Niederungen. Auf den Passhöhen wehen bunte Gebetsfahnen zwischen den Steintürmchen, Sendemasten fürs Göttliche.

Die Runde endet schließlich wieder in Lhasa, das sich in den letzten zehn Jahren zur Großstadt gemausert hat. Die Touristen erleben es als ein aufregendes Durcheinander, zu dem sie als weitere Minderheit auch selbst beitragen. Buttersäure mischt sich mit Chanel, Lacoste-Hemd streift gefälschtes Lacoste-Hemd, Filzschuh latscht auf Trekkingsandale.

Neben der Eisenbahn hat auch die Wiedereröffnung des Nathu-La-Passes Tibet besser an die Außenwelt angeschlossen. Seit Jahrtausenden verband er Indien und China, blieb jedoch infolge der Grenzstreitigkeiten und der chinesischen Abschottung fünfzig Jahre lang gesperrt. Nun aber kommen wieder Waren und Menschen aus Nepal und Indien herein, darunter viele Gastarbeiter, die als Hilfskräfte im Tourismus unterkommen. Nach Jahrzehnten der Isolation bringen sie etwas von der einstigen Vielfalt des Himalaja zurück.

Und das ist die eigentliche Lektion der Seidenstraße: dass der Kontinent ein Kontinuum bildet. Dass seine Völker und Kulturen immer in Verbindung standen, über Steppen, Wüsten und Gebirge hinweg. Nicht die Geografie verhindert den Austausch, sondern die Politik. Sie hätte es aber auch in der Hand, dies zu überwinden; Verbindungen sind allemal besser als Mauern. Auch wenn wir vom antiken Völkerkosmos entlang der Seidenstraße nur träumen können und wohl nie jemand mehr Tocharisch sprechen wird.

Begegnung mit der dritten Art

Auf Naturwallfahrt in Yunnan

Vor zwei Jahrzehnten vernahm Lehrer Li einen unerhörten Gesang, ein forderndes Flehen aus den Tiefen des Urwalds. Und er verfiel ihm. Wann immer die Bauern ihm zutrugen, sie hätten »die schwarzen Affen« gehört oder gar gesehen, versuchte er sie aufzustöbern. Nach acht Jahren gelang ihm das erste Foto in den Gaoligong-Bergen an der Grenze zu Burma (Myanmar). Langsam lief die Maschinerie der internationalen Forschungsgemeinschaft an. Am Ende waren Spezialisten aus vier Kontinenten damit befasst. Anfang 2017 veröffentlichten sie ihre Ergebnisse. Dorfschullehrer Li Jia-hong hat eine neue Menschenaffenart entdeckt.

Freilich nicht er allein; das *American Journal of Primatology* (Heft Mai 2017) führt nicht weniger als fünfzehn Zoologen, Anatomen, Genetiker und Evolutionsforscher auf, die an der Untersuchung beteiligt waren. Der neue Gibbon erhielt den Namen Hoolock tianxing. Was auf Chinesisch »Himmelsläufer« bedeutet – eine Referenz an das Orakelbuch »I Ging«, an die Gibbons als Akrobaten der Lüfte und an den Sternenkrieger Luke Skywalker. Das Wichtigste aber ist der unscheinbare Zusatz »sp. nov.« – species nova. Biologen sind heutzutage schon stolz, wenn sie eine obskure Höhlenmotte oder Tiefseequalle entdecken. Und da präsentieren die Chinesen einen Menschenaffen – nächste Verwandtschaft also. Das wäre allenfalls noch von einem Yeti oder Marsmenschen zu übertreffen.

Lis Fotos fanden ihren Weg zu Fan Peng-fei, damals ein junger, aufstrebender Wildbiologe an der Universität in Dali. Er versuchte, das Tier einer der beiden bekannten Arten von Weißbrauengibbons zuzuordnen. »Aber es wollte nicht passen.« In einem langwierigen Indizienbeweis mobilisierte er Fachleute für Schädel, Fell und Zähne, untersuchte Kotproben, zog Vergleichsexemplare von Zoos in Bangladesch bis zu Museen in Philadelphia heran. Christian Roos vom Deutschen Primatenzentrum in Göttingen, der als Genetiker beteiligt war, nennt die Studie »ein Musterbeispiel für integrative Taxonomie«.

Am Anfang aber hatte Li Jia-hong gestanden. Wir verabreden uns in Baihuacun, einer von elf »Stationen«, Stützpunkten für Wildhüter und Verwaltung, für Polizei und Feuerwehr, und Anlaufstellen für Besucher. Wie denn die Chancen stünden? »Das hängt davon ab, ob die Affen bei Laune sind«, antwortet er kennerisch. »Und von eurem Dusel.«

Am ersten Tag haben wir jedenfalls keinen Dusel, dafür das Vergnügen, mit »Gibbon-Li« durch den Busch zu streifen. Ein klassischer Naturfreund und Autodidakt, unbefangen, eigenwillig, professionell. Inzwischen zieht er für die Parkverwaltung durch die Wälder, filmt und fotografiert deren Bewohner vom Rieseneichhörnchen bis zum Roten Panda und campiert dabei auch manche Nacht im Freien. »Vor den Tieren habe ich keine Angst, eher schon vor den Menschen.« Seine Aufnahmen dienen zur Dokumentation, aber auch für den Unterricht. Als Pädagoge hat er die »Schule der Natur« mit aufgebaut, in der Familien und Schulklassen Exkursionen durch die Berge unternehmen. So etwas gibt es sonst nur in Taiwan.

In den vergangenen Jahren sind hier etliche neue Arten entdeckt oder ausgestorben geglaubte wieder gesichtet worden. »Überall werden es weniger, nur bei uns werden es mehr«, lacht Li. Wer hat, dem wird gegeben. Als der Direktor des Yellowstone kürzlich auf Besuch kam, wurde er ungewohnt still und bekannte schließlich, von einer solchen Natur habe er immer geträumt.

Neugierig und ein wenig scheu betreten wir die Dämmerwelt des Bergwalds. Die ersten Eindrücke geraten verwirrend. Man sieht den Baum vor lauter Wald nicht, alles sprießt, wächst und verrottet gleichzeitig. Magnolien und Kamelien strotzen um die Wette, Lorbeer- und Teestrauchgewächse verheddern sich. Die Bäume dienen nur als Gerüst für Ranken, Flechten und Lianen, manche dünn wie Bindfäden, andere dick wie Pythons.

Respektvoll begutachtet Li Bärenlosung am Wegrand – einige Kollegen wurden von Kragenbären böse zugerichtet. Oben am Kamm pflücken ein paar Bäuerinnen Teekräuter, die, zu Diskusscheiben gepresst, wie Schwarzer Afghane aussehen und auch betörend riechen. Auf der Packung blickt dann eine Gibbonfamilie mit Bernhardineraugen in eine ungewisse Zukunft.

Hier oben hatte Li seine denkwürdige Begegnung: »Es war frühmorgens am 16. Mai 2005. Ich hörte ihre Rufe und rannte einfach bergauf. Da turnten zwei Affen durch die Baumkronen.« Die beiden flohen; er hastete hinterher. Als das Männchen nach seiner Gefährtin rief, drehte sie sich um – und Lehrer Li gelang das erste Foto eines Gaoligong-Gibbons.

Als dann Fan und seine Studenten anrückten, pirschte er mit ihnen auf die Affen. Die zunächst sehr scheu gewesen waren, da sie noch bejagt wurden. Dank Lis Eskorte aber hatten sie ihre Furcht allmählich verloren. Wir hoffen auf einen ähnlichen Vertrauensvorschuss, doch es kommt zu keiner Begegnung. Dennoch zeigt er sich zuversichtlich, drüben durchkämmt Jiang Zi-an den Wald. »Einer meiner besten Männer, der wird sie schon finden.« Er hat ihn selbst rekrutiert, bei einem seiner Routinebesuche in den Dörfern, wo er nach »erfahrenen Leuten« fragt, aber »erfahrene Jäger« meint, auch wenn das Jagen seit zwanzig Jahren offiziell verboten ist. Doch ihm vertrauen sie, hat er doch schon einige ihrer Kinder unterrichtet.

Bei einbrechender Dämmerung steigen wir zur Station ab. Unser Nachtquartier ist rustikal: fließend Wasser auf dem Balkon, Gemeinschaftstoilette im Hof, harte Pritschen. Die Frau eines Parkhüters führt die Küche, eine andere macht sauber. Dass auch Angehörige einen kleinen Job ergattern, macht den Beruf ein wenig attraktiver. Ein Ranger verdient im Monat ungefähr hundertachtzig Euro. So eine Uniform zählt auch etwas, wenngleich die Verwaltung nicht genug Geld hat, um alle zweihundert Mitarbeiter einzukleiden.

Das Frühstück zieht sich in die Länge. Noch Nudeln? Nein, danke. Oder eine Papaya? Ja, gerne.

Wollt ihr noch mit Rangern reden? Vielleicht später. Wollt ihr Zeit für euch haben? Nicht nötig. Schließlich rückt Li mit der Sprache heraus: »Wir haben sie verloren.«

Wir beschließen, es zunächst in Baihualing zu versuchen, hundert Kilometer nördlich im Tal des Nu Jiang, in Burma Saluen genannt. Er bildet den westlichsten der »drei Parallelflüsse Yunnans«. Als wäre ihre Bahn mit einer Gabel gezogen worden, fließen hier drei der größten Ströme der Erde nebeneinander her. Der Jangtsekiang macht schließlich kehrt und rauscht quer durch China bis ins Gelbe Meer. Der Mekong überantwortet sich nach einer langen Reise durch Hinterindien dem Südchinesischen Meer, und der Saluen mündet in die Andamanensee. Er mag weniger geläufig sein, doch auch er ist länger als die Donau.

Ruhig und seicht streicht er dahin, schillernd wie flüssige Jade. So muss er sich auch im Sommer 1942 dargeboten haben, als die Japaner von Burma her nach Norden vordrangen, um sowohl den Süden Chinas wie auch den Osten Britisch-Indiens in ihre Gewalt zu bringen. Bis dahin war Chinas Armee über die Burma Road mit Nachschub versorgt worden, eine Pionierstraße, die nach Kunming und weiter bis nach Sichuan führte, wo Chiang Kai-sheks Regierung sich verschanzt hatte. Doch just über diese Straße stießen nun die Japaner bis ans Westufer des Nu Jiang vor. Da die wenigen Brücken gesprengt worden waren, suchten sie nach einer Furt. An einer Stelle schien der Fluss fast stillzustehen, und die Panzer rollten hinein.

Er spülte sie wie Spielzeug fort. Nu Jiang heißt

»wütender Fluss«. Die Japaner vermochten ihn nie zu überwinden, ihr unerhörter Siegeszug fand hier seinen Meister.

Bis heute queren ihn nur eine Handvoll Brücken, darunter das hochmoderne Viadukt der Autobahn. Etwas nördlich davon nutzen Fußgänger und Radfahrer eine Behelfsbrücke, die 2008 für eine Kraftwerksbaustelle errichtet wurde, als allein am Nu Jiang elf Staustufen entstehen sollten. Nach heftigen Diskussionen und Protesten wurde das Vorhaben von der Zentralregierung auf Eis gelegt. Naturschutz besitzt in China durchaus einen hohen Stellenwert; die Energieversorgung freilich einen noch höheren. Bei Bedarf kann so ein Beschluss ja wieder rückgängig gemacht werden.

Die Gaoligong-Berge weisen nicht nur die höchste Artenvielfalt Chinas auf, sondern auch die höchste kulturelle Vielfalt. Neben Han-Chinesen leben in Baihualing vor allem Angehörige der Lisu, daneben Dai, Bai, Yi und Hui sowie allerlei Kombinationen. Das Dorf erlangte landesweite Bekanntheit, als es vor Gericht gegen einen hohen Funktionär gewann, der Holzeinschlag im großen Stil betrieben hatte.

Als eine der ersten Kommunen in China hat es schon in den achtziger Jahren Maßnahmen gegen die Erosion ergriffen. Inzwischen pflanzen die Waldbauern bevorzugt Bäume und Sträucher, die Vögel anlocken. Denn mehr Vögel locken wiederum mehr Vogelkundler an. Es gibt nicht allzu viele Weltgegenden, in denen man binnen dreier Stunden mühelos vierzig Arten beobachten kann. »Und mit dem Fernglas über sechzig«, tönt Hou Ti-gou, den manche auch den »Vogelflüsterer« nennen. Als Schüler nahm er sie mit der Steinschleuder aufs Korn, die Häherlinge und Waldtauben, die Bülbüls und Timalien. »Die schmeckten so gut.« Seinem Lehrer brachte er oft Beutestücke mit, »damit er weniger streng mit mir war. Aber durchgefallen bin ich trotzdem.«

1989 heuerte ihn dann ein taiwanesisches Lehrerpaar als Führer an. »Die wollten die Vögel nur sehen – und mich dafür auch noch bezahlen!« Sie bekehrten ihn schließlich, und seither hat er nie wieder ein Tier getötet. Dafür schickten sie ihm Gleichgesinnte, im Jahr darauf etwa einen britischen Birder mit einer Dolmetscherin, die ihn respektvoll mit »Lehrer Hou« ansprach. Bisher war er immer nur »der kleine Hou« gewesen. Das Lausbubenhafte ist ihm geblieben: Typ Skilehrer, ständig unter Strom, dabei dem ein oder anderen Gläschen nicht abgeneigt. Wenn Baihualing Chinas »Dorf der Unbeugsamen« ist, so wirkt er als dessen Asterix. Neulich legte er sich mit den Parkplatzwächtern am Flughafen an: »Red nicht so mit mir, ich sichere schließlich deinen Job. Unseretwegen landet jetzt täglich eine zweite Maschine in Baoshan.«

Einen derart eigenwilligen Neubau wie den der Hous hat kein anderes Dorf. Der futuristische, weit vorspringende Pfahlbau mutet wie ein Filmset für James Bond an. Für drei Tage hat sich eine Schulklasse aus Kunming hier einquartiert. Abends bringen sie ihre Erlebnisse zu Papier: »Im Wald waren wir ganz leise, damit wir den Bären nicht störten.« »Ich habe den ersten Frosch außerhalb eines Restaurants gesehen. Und er sprang nicht mal weg.«

Hous Vater, Jahrgang 1935, hat noch die Luftschläge der »Flying Tigers« miterlebt, die den Japanern mehr zusetzten als die Reste der chinesischen Armee. Lange belächelten die Nachbarn ihn, weil er immer wieder vom Krieg anfing und jede Patronenhülse aufhob. Als dann aber die Kinder amerikanischer Soldaten nach Baihualing kamen, weil ihre Väter hier gefallen waren, wuchs der Nimbus des »internationalen alten Herrn«. In karmesinrote Seide gewandet, zeigt er sein spektakulär vergammeltes Kabinett mit vergilbten Fotos und verbeulten Stahlhelmen, mit burmesischen Geldscheinen und amerikanischen Munitionskisten. Der Besuch ist schon deshalb spannend, weil die Blindgänger nie entschärft wurden. Den größten Schatz bilden indes seine Erinnerungen. Wie die Lisu sich mit Pfeil und Bogen wehrten, nachdem die Japaner ihre Dörfer geplündert und ihre Frauen vergewaltigt hatten. Wie seine Familie sich zwei Jahre lang im Busch versteckte, mit einem Schwein als Vorkoster, das anzeigen sollte, welche Wurzeln und Pilze essbar waren. Wie sie aus weißen Tüchern Pfeile formten, um den Fliegern die japanischen Stellungen anzuzeigen. Und wie sie hinterher die Bombenkrater bestaunten, in denen sich »über hundert Büffel hätten suhlen können«.

Die Dorfbewohner haben etliche Beobachtungsstände für Birdwatcher angelegt. Mit hyperprofessioneller Ausrüstung behangen, stiefeln diese Paparazzi der Schöpfung die Hänge empor und hocken sich in Tarnkleidung auf die Lauer. Rundum ein Rätschen, Schnattern, Zirpen, Trällern: An die sechshundert Vogelarten sollen hier vorkommen, mehr als in ganz Europa. Ein romantischer Trampelpfad führt weiter zu Wasserfällen, Grotten und Thermalquellen. Man könnte eine ganze Staffel Tarzan-Filme hier drin drehen. Allein den Gibbons begegnen wir nicht. Kein Dusel.

Bleibt nur diese Figurengruppe vor dem Besucherzentrum, Vater-Mutter-Kind, und etwas abseits die »traurige Witwe«. Deren Melodram mehr zur Popularisierung des Schutzgebietes beigetragen hat als ganze Kampagnen. Ihr Lebensgefährte wurde vermutlich von einem Adler gerissen. Seither sucht sie Anschluss an die benachbarten Familien. Immer wieder stimmt sie herzzerreißende Koloraturen an, schmückt sich mit Laubwerk, buhlt und balzt. Doch die Artgenossen zeigen ihr die kalte Schulter. Gibbons leben strikt monogam. Sie wird wohl nie wieder einen Partner finden. Denn auch wenn das Reservat die zwanzigfache Fläche des Nationalparks Berchtesgaden umfasst, wird es durch immer mehr Straßen zerstückelt. Für Gibbons, die sich durch die Wipfel hangeln, bilden sie Barrieren; mehr als zehn Meter vermögen sie selbst nicht zu überspringen. Die einzelnen Gruppen leben auf einem Archipel von Waldinseln, mit hohem Risiko zur Inzucht.

Hinter dem Dorf schlängelt sich ein unscheinbarer Pfad bergan. Er gehört zu einem Netz von Handelswegen, die einst von Sichuan bis zum Golf von Bengalen führten und seit Kurzem als »südliche Seidenstraße« etikettiert werden. Dem steilen Relief zum Trotz wurde hier zweitausend Jahre lang Fernhandel betrieben. Mit Packtieren und Trägern kamen Edelmetalle, Waffen und Seide aus China, im Gegenzug wurden Elfenbein, Perlmutt und Jade eingeführt. Auf der parallel verlaufenden Forststraße rumpeln wir hinüber auf die Westflanke der Berge.

Einer der letzten Forschungsreisenden alten Stils, die diese Region durchstreiften, war Joseph Rock. Er lebte in Lijiang und zog mit großen Maultierkarawanen bis in den Himalaja, der vielen Räuberbanden wegen mit Begleitschutz. Der dann jedoch auch nicht mehr half, als die Kommunisten die Macht an sich rissen und ihn hinauswarfen. Da Rock schon mit zwanzig Jahren in die Staaten ausgewandert war, wird er gemeinhin als Amerikaner geführt. Doch er war Österreicher durch und durch. Was sich etwa in der unersättlichen Wissbegier des Autodidakten äußerte, in seiner gänzlich unamerikanischen Sehnsucht nach fernen Ländern und Kulturen, und in seinen Wutanfällen über den chinesischen Koch, den er mehrfach feuerte, weil er partout keine Wiener Küche zustande brachte. Und den er dann doch jedes Mal wieder einstellte.

Die neuralgischen Punkte der Karawanenroute waren die Brücken. Wir bestaunen die »Wind- und-Regen-Brücke« über den Lungchuan. Sie war während der Ming-Dynastie errichtet und später durch einen eisernen Steg ersetzt worden, der jedoch den Krieg nicht überstand. Danach hat man die ursrpüngliche Holzkonstruktion wiederhergestellt, wohl eher aus Mangel an Metall denn aus historischem Bewusstsein. Ein zotteliges Ungetüm mit einer Art Lattenzaun als Fell. Die weiter südlich aufragende Autobahnbrücke dagegen lässt sich gar nicht erst in die Niederungen herab, sondern spannt sich kurzerhand von Kamm zu Kamm. Als hätte jemand eine Planke auf zwei Ziegelsteine aufgebockt – nur dass diese Planke zweieinhalb Kilometer misst. Tief unter ihr wallen die Wolken durchs

Tal. Im letzten Licht des Tages langen wir wieder bei Lehrer Li in Baihuacun an.

Diesmal nimmt das Frühstück ein jähes Ende. »Wir haben sie!«, ruft einer der Parkleute. Wir stürzen zum Wagen, fahren ein Stück bergauf und stiefeln dann querwaldein. Von einem riesigen Ingwergewächs überschattet, erwartet uns Jiang Zi-an. Und weist lächelnd auf drei Gesellen hoch droben in den Wipfeln. Nein, vier, die Mutter hat als Anhängsel ein Junges vor der Brust, während der Vater und das zweite Junge sich gemächlich von einem Ast zum anderen hangeln. Sie schmausen zarte Blätter, als wäre jedes einzelne eine Delikatesse, sie kratzen sich das Fell, schmausen weiter – und ignorieren uns komplett. Dusel muss man haben.

Sie turnen, als wären sie gegen die Schwerkraft immun. Bedächtig folgen wir ihnen durch den Wald und vergessen die Zeit. Zwischendurch macht Jiang sich auf zur Station, um etwas zu essen. Wildhüter wie er sind die wahren Helden der Berge. Sie harren sommers in den Regengüssen des Monsuns aus und winters in den klammen Räumen ihrer Stützpunkte. Sie laufen Gefahr, im Sumpf stecken zu bleiben oder sich an Bambushalmen aufzuspießen, die hart und spitz wie Speere sind und im Buschwerk kaum zu erkennen. Aber für kargen Lohn hüten sie eine kleine Affenbande wie ihre Augäpfel.

Auf chinesischem Gebiet leben weniger als zweihundert »Himmelsläufer«. Möglich, dass es drüben in Burma ein paar mehr gibt, darüber weiß man nichts. Der Große Panda bringt es immerhin auf zehnmal so viele Exemplare. Drei Viertel aller Affenarten in Asien sind vom Aussterben bedroht, und fünfundneunzig Prozent ihres Lebensraums schwinden oder kollabieren gar. Planet ohne Affen? Eine kürzlich erschienene Studie über die Primaten der Welt attestiert der heutigen Erdbevölkerung, sie habe »die wohl letzte Chance«, auf deren Rettung hinzuwirken.

Jiang kommt zurück, um uns abzulösen. Zum Abschied danke ich ihm für seinen Einsatz. »Schon in Ordnung«, frotzelt er, »Lehrer Li hat mir ja eine Extraportion Reisbrei versprochen.« Die anderen verlangen auch mal Zulage, wenn sie Überstunden leisten sollen; er sieht es einfach als seine Aufgabe an. Ich möchte ihm meine Hochachtung bekunden, doch alles, was mir einfällt, klänge entweder banal oder pathetisch. Aber sei's drum. Ob nun dazu befugt oder nicht, ich danke ihm im Namen der Menschheit. Er nimmt es zur Kenntnis und folgt seinen Schützlingen ein Stück tiefer in den Wald hinein.

Heilige Pferde und singender Sand

Entdeckungen in der Inneren Mongolei

An ganz besonderen Tagen, drei- oder viermal im Jahr vielleicht, beginnt die Wüste Xiangshawan zu singen. Dann zieht ein Tosen durch die Dünen, ein Schrappen und Säuseln, ein stürmisches Rieseln. Zhou Jian hat es schon einmal erlebt. Doch nachahmen kann er es nicht, sosehr er sich auch pfeifend und gurgelnd müht. Zhou ist im Management der Xiangshawan tätig; nennen wir ihn den Wüstenwart. Bis vor einigen Jahren verirrte sich niemand in diese Einöde in der chinesischen Mongolei, dem Vorfeld zur eigentlichen Mongolei. Heute aber stürmen jeden Sommer vierhunderttausend Besucher die achtzig Meter hohen Dünen.

Die Xiangshawan ist die östlichste Wüste Asiens, ein Ausläufer der großen Gobi. Ein besserer Sandkasten nur, doch wie geschaffen zum Spielplatz für die Freizeitgesellschaft. Immer mehr Chinesen haben das Geld und allmählich auch die Zeit zum Reisen – das Kunststück besteht darin, sie in eine Region zu locken, die im ganzen Land als Synonym für Abseitigkeit gilt. Nichts eignet sich dafür besser als ein poetischer Name: Xiangshawan, die singenden Sande. Noch volltönender klingt die alte mongolische Bezeichnung: Buremangha, die trompetenden Dünen. Physikalisch betrachtet wird das Rumoren durch Sandlawinen verursacht, plötzliche Masseverrutschungen, bei denen die Flanken der Dünen in Schwingung geraten.

Eine Zauberwüste ist es, ein Ort der Schrecken und der Wunder, wie ihn die großen Reisenden Innerasiens vielfach beschworen haben. Etwa der chinesische Mönch Fa Xian vor tausendsechshundert Jahren: »Die Wüste ist voller Dämonen und heißer Winde. Kein Vogel ist in der Luft und kein Tier auf der Erde. Die einzigen Wegzeichen bilden die Knochen der Toten.« Oder Marco Polo: »Entfernt sich ein Reisender des Nachts von seinen Gefährten, so vernimmt er seinen Namen. Es sind Geister, die ihn rufen. Das kann auch am helllichten Tage geschehen. Man hört dann Musik spielen, vor allem die Trommel: Auch das sind Geister.« Nicht von ungefähr haust auch Herr Turtur, der Scheinriese aus »Jim Knopf«, in solch einer chinesischen Wüste. Die erfüllt ist »von unheimlichen Stimmen und Klängen, die so schrecklich anzuhören sind, daß niemand es erträgt«. Prompt sieht die hiesige Schmalspurbahn so aus wie die von Lummerland.

Im Fall der Xiangshawan verhält es sich freilich umgekehrt wie mit Herrn Turtur: Aus der Ferne mag sie wie eine Miniaturwüste wirken, steht man aber mittendrin, kann man sich unschwer als zweiter Sven Hedin fühlen. Dünen bis zum Horizont, bleich und steil und lose. Wobei die chinesischen Besucher nicht kommen, um heroische Einsamkeit auszukosten. Sondern umgekehrt, weil so viele dorthin wollen, dass es garantiert unterhaltsam zugehen muss.

Spiel ohne Grenzen: Der Rundweg ist wie ein Parcours angelegt, den man mithilfe der unterschiedlichsten Fortbewegungsmittel absolviert: Seilbahnen, Kamele, Wüstenbusse (umgebaute Amphibienfahrzeuge ohne Verdeck), Quadbikes (eine Art siamesischer Motorradzwilling mit einer Lenkstange, aber vier Rädern), die Schmalspurbahn und zu guter Letzt der eigene Hosenboden für die Rutschpartie von der höchsten Düne. Dazwischen kann man auch einmal zu Fuß gehen. Oder vielmehr stapfen, weil jeder bunte Stoffschuhe umgebunden bekommt, ohne die man im Sand kaum vorwärtskäme. Schon gar nicht dieses Rudel fabelhaft aussehender junger Frauen in Stöckelschuhen. Ob das Animiermädchen aus einer Grenzstadt sind? Oder Teilnehmerinnen eines Schönheitswettbewerbs? Sie lassen eher an Russinnen oder Kasachinnen denken, treten auch selbstbewusster auf als Chinesinnen es sonst für schicklich halten. Heute gehört die Wüste ihnen.

Des Rätsels Lösung: Eine Folkloretruppe auf Betriebsausflug. Als Schauspielerinnen und Akrobatinnen bieten sie eine Fahrstunde weiter westlich ein Spektakel dar, das als »Hochzeit von Ordos« landesweite Berühmtheit erlangt hat. Eine Kostümorgie, die jedes Broadway-Musical zum Betteltheater degradiert. Dieses angeblich uralte Fest wurde vor zehn Jahren choreografiert, um all das zu versammeln, was Chinesen sich unter mongolischer Kultur vorstellen.

Ordos, auch Erdos geschrieben, firmierte damals noch unter dem Namen Dongsheng und war ein Kaff in der Steppe. Heute zählt es anderthalb Millionen Einwohner und rangiert, was das Wirtschaftswachstum angeht, landesweit an erster Stelle. Eine Trabantenstadt ohne Fixstern, eine Explosion aus Beton.

Unweit von hier soll Dschingis Khan begraben liegen. Etwas von dessen martialischer Aura schwingt im alten mongolischen Namen mit. Die Rückbesinnung darauf verdankt sich jedoch einem Stoff, der anschmiegsamer nicht sein könnte. Die örtliche Textilfabrik vermarktete ihre Kaschmirpullover unter dem Label »Ordos«. Mit solch phänomenalem Erfolg, dass der Konzern heute auch Bergbau- und Finanzfirmen umfasst und das Stammwerk zur größten Kaschmirspinnerei der Welt aufstieg. Sie beschäftigt achttausend Menschen und ein Millionenheer von Ziegen in ganz Innerasien.

Was bei Pullovern funktioniert, könnte doch auch im Stadtmarketing Erfolg haben. Und so wurde die Sinisierung kurzerhand rückgängig gemacht, wenn auch nur im Namen. Im Stadtbild dominieren längst Han-Chinesen. Dafür wurden die Häuser reihenweise mit mongolischen Insignien versehen. Kuppelartige Aufbauten, halb Mutterbrust, halb Pickelhaube, schmücken alle möglichen Gebäude vom Rathaus bis zur Tankstelle. Sie sollen an Jurten gemahnen und eine gemeinsame chinesisch-mongolische Identität beschwören. Das ist in etwa so, als würde jeder zweite amerikanische Wolkenkratzer von einem überdimensionalen Tipi gekrönt.

In der Tat inszeniert die Innere Mongolei sich gern als Chinas wilder Westen. Mitsamt ausladender Cowboyhüte, die den Ungetümen der Texaner in nichts nachstehen. Dank reicher Vorkommen von Kohle, Uran und Edelmetallen erlebt die Provinz einen wahren Goldrausch. Nicht umsonst hat der Künstler Ai Weiwei, stets ein kluger Analytiker der chinesischen Gesellschaft, hier ein Großprojekt angesiedelt: »Ordos 100«. Hundert internationale Architekten sollen eine Idealstadt in der Steppe gestalten, als kunstsinnige Antwort auf die disneyartigen Retortenstädte, die in China allenthalben hochgezogen werden.

Die Mongolen müssen sich in die undankbare Rolle der eroberten Eroberer finden. Man begegnet ihnen eher in den Dörfern und Kleinstädten, in denen sie sich zunehmend ansiedeln, um Schulen, Krankenhäuser und Supermärkte in Reichweite zu haben. Wer noch echte Nomaden antreffen will, mit Ochsenkarren, Pferdeherden und mobilen Jurten, muss immer tiefer in die Steppe hinausfahren. Da die Chinesen jedoch ein höfliches Volk sind, haben sie im Gegentala-Grasland, drei Fahrstunden nördlich der Provinzhauptstadt Hohhot, eine Art Modellmongolei eingerichtet.

In dieser Provinz von der Größe Südafrikas gelten drei Stunden noch als Kurzstrecke. Die Fahrt führt über die Yinshan-Berge, die seit je die Grenze zwischen chinesischem und mongolischem Kulturraum und damit zugleich zwischen Bauern und Viehzüchtern bilden. Sie sind von beeindruckender Länge – tausendzweihundert Kilometer von West nach Ost –, aber mit mal tausend, mal tausendfünfhundert Metern nicht hoch genug, um auf Dauer als Barriere zu wirken. Auch die Große Mauer, die auf dem Kamm verläuft, vermochte die ungleichen Nachbarn nur bedingt zu trennen. Nicht nur Mongolen und Chinesen rangen hier jahrhundertelang um die Vorherrschaft, auch Russen, Tibeter und Mandschuren mischten mit, und im Zweiten Weltkrieg war das Gebiet von den Japanern besetzt. Erst danach gewann der chinesische Staat endgültig die Oberhand. Heute besitzt die Innere Mongolei als »autonome Region« den gleichen Status wie Tibet.

Zugleich aber ist alles Mongolische schwer in Mode. Nicht zuletzt dank Jiang Rongs packendem Roman »Der Zorn der Wölfe«, einem der meistdiskutierten Bücher der letzten Jahre. Er schildert das Steppenleben der Mongolen und ihre komplizierten Beziehungen zu den Chinesen. Fernsehen und Werbung überschlagen sich mittlerweile in Steppenromantik, und auch touristisch zählt die Innere Mongolei seit Neuestem zu Chinas vielversprechendsten Regionen. So hat die Shangri-La-Kette mitten in der Pampa eine Außenstelle aufgebaut. Bis vor Kurzem war sie als einziger internationaler Hotelkonzern in Hohhot präsent, erst jetzt ziehen andere hektisch nach, überrumpelt vom Aufschwung. Nach den Geschäften in der Stadt möchte auch die verwöhnte Klientel aus Wirtschaft und Politik den Mythos der mongolischen Kultur erleben. Und so erwartet sie denn, im Irgendwo-Nirgendwo des Graslands, ein Steppenlager de luxe, dessen Jurten mit Haarföhn, Duftseifen und Seidenpantoffeln bestückt sind. Auch das Lagerfeuer und der Sternenhimmel sind, versteht sich, de luxe.

Nur mit den Sehenswürdigkeiten hapert es. Nachdem China jahrzehntelang seine religiösen Stätten ebenso verfallen ließ wie die Relikte der Monarchie und die Kulturgüter der Minderheiten, werden deren Überbleibsel nun notdürftig reanimiert. Ein Lamatempel hier, eine Fürstenresidenz dort. Eilig angelernte Fremdenführer berichten das Wenige, das man noch darüber weiß, und zeigen das Wenige, das die Kulturrevolution davon übrig gelassen hat.

Die Hauptattraktion aber bildet die mongolische Folklore. Und so entstand unweit des kleinen Luxuscamps eine Feriensiedlung von den Ausmaßen eines Heerlagers. Mit weit über hundert Jurten, manche davon aus Beton und nur mit Stoff verkleidet, damit Einbauküche und Badewanne darin Platz haben. Scharen schnarrender Heuschrecken schnellen bei jedem Schritt hoch.

Ähnlich wie in der singenden Wüste wird der Tourismus auch hier im großen Stil inszeniert. Das kann man in China – Menschenmassen leiten. Die Natur wird dabei zwar gründlich aufgemischt, aber nicht zerstört. Romantik und Massenkonsum schließen einander nicht aus; kollektive Romantik gilt vielmehr als das höchste der Gefühle. Westliche Gäste kommen bisher nur vereinzelt. Sie werden herzlich aufgenommen, doch gebraucht werden sie nicht. Wie die meisten derartigen Großprojekte ist auch Gegentala vor allem für chinesische Touristen ausgelegt, darunter viele aus Hongkong, Taiwan und Singapur.

Bei der Ankunft preschen von beiden Seiten Reiter an den Bus heran. Es sind aber keine Wegelagerer, sondern die VIP-Eskorte. Mit wehenden Bannern geleiten sie die Gäste zum Parkplatz, wo holde Maiden sie willkommen heißen. Dann folgt das Wichtigste: ein gutes Essen. Was bei den Mongolen stets auf eine delikate Fleischorgie hinausläuft. Im Anschluss dann das Aktivprogramm, ein Zehnkampf der Steppe: Die Gäste können sich im Bogenschießen messen, können Ringkämpfen oder elegischen Gesängen beiwohnen, können mit dem Motorrad durchs Grasland brausen oder mit dem Ultraleichtflugzeug darüber hinweg. Der massenhafte Einkauf von Souvenirs – Wolfsfelle, Cowboyhüte, Kaschmirschals – bildet eine weitere Schlüsseldisziplin.

Selbstverständlich kann man auch reiten. Fünfzig, sechzig Pferde stehen im Pulk bereit. In Europa werden bei solchen Ausritten vorher Zaumzeug und Steigbügel angepasst, der Sattelgurt nachgezogen, die Reiter belehrt, und dann geht es in ruhigem Schritt davon, der Rittführer vorneweg. Hier läuft das etwas anders. Während die einen noch aufsitzen, machen die anderen sich schon selbständig. Die Tiere kennen den Weg und ignorieren ihre unbedarften Reiter. Stramm traben sie vorwärts, chaotisch zwar, aber strebsam und bemerkenswert einträchtig. Sie beißen nicht und schlagen nicht aus, im Gegenteil, sie suchen Tuchfühlung, Schulterschluss, Geborgenheit im Kollektiv. Eine echt chinesische Herde.

Dann aber kommt der Anführer – ein einziger für diese ganze Riesengruppe. Er kommt von ganz hinten, überholt die Herde jedoch mühelos und bringt in gestrecktem Galopp Ordnung in den wirren Haufen. Und zwar wie! Er schreit nicht einfach Yippie oder Juchech, sondern er scheißt die Herde zusammen wie ein Oberst eine verlotterte Kompanie. Nach zwanzig Minuten ist die wilde Jagd dann am Ziel, der Jurte des Rittführers. Viel Zeit bleibt den Gästen nicht zur Inspektion, weil ja der Bus schon wartet oder die Ehefrau oder der mongolische Feuertopf. Aber sie können sagen, dass sie dort draußen waren, dass sie über die endlose Steppe geritten sind, den immerwährenden Wind gespürt und die grenzenlose Weite des Himmels geschaut haben.

Und das Wichtigste: Sie sind dabei fotografiert worden!

Die Reise nach Shanxi

Auf der Suche nach dem »wahren China«

Glorreiches China! Stammsitz einer fünftausend Jahre alten Hochkultur! Dieses Mantra bekommen Besucher hier allenthalben zu hören, vor allem dann, wenn die Gastgeber sich angesichts vermeintlicher westlicher Überlegenheit in der Defensive sehen. Der zivilisatorische Uradel ist der Trumpf, der alle anderen ausstechen soll.

Wobei geflissentlich unter den Tisch fällt, dass das Land seine kulturellen Errungenschaften wiederholt selbst zunichtegemacht hat, zuletzt während des Amoklaufs der infamerweise so genannten »Kulturrevolution«. Nichts hat der chinesischen Kultur so geschadet wie die chinesische Politik – die gleiche Politik, die sich heute so gerne mit dem Nachlass vergangener Zeiten schmückt.

Fünfzig Welterbestätten listet die UNESCO im Reich der Mitte auf, mehr als in Russland und Japan zusammen. Auch die Vereinigten Staaten bringen es gerade einmal auf zweiundzwanzig Einträge, darunter jede Menge Vulkane und Geysire. Als eigentliche Kulturgüter firmieren lediglich neun, die meisten davon prähistorisch, seither scheint sich dort nicht allzu viel getan zu haben. China dagegen glänzt als zivilisatorische Supermacht. Nur Italien kann derzeit noch mithalten. Doch schon bei der nächsten Sitzung des Welterbekomitees dürfte sich

China endgültig an die Spitze dieser Hitparade der Kulturgüter setzen. Denn seine Vorschlagsliste, gewissermaßen die Reservebank, hält weitere fünfzig Stätten in petto!

Darauf hat es seit zwei Jahrzehnten planmäßig hingearbeitet und viele bedeutende Kulturstätten aufgemöbelt, von der Großen Mauer bis zum Potala-Palast und von den Gärten Suzhous bis zur kolonialen Altstadt von Macao. Wobei die Runderneuerung in der Regel auf jene bezeichnende Art geschieht, der es weniger um historische Authentizität als um die Erfüllung gegenwärtiger Erwartungen zu tun ist.

Dass China gerade jetzt derartige Anstrengungen unternimmt, sich als Kulturmacht darzustellen, spiegelt sein sich wandelndes Selbstverständnis, verbunden mit dem Bedürfnis nach gesellschaftlicher Legitimation. Der Kommunismus ist als Leitideologe erledigt, der Nationalismus dagegen feiert fröhliche Urständ. Versteht man Propaganda als Kollektivierung der Leidenschaften, so kann die Beschwörung kultureller Glanzleistungen die Affekte durchaus in die gewünschte Richtung lenken. Der internationale Wettstreit mobilisiert Energien für die Heimmannschaft. Politisch und wirtschaftlich artikuliert die zahlenmäßig stärkste Nation der Welt ihren Hegemonialanspruch schon seit längerer Zeit – parallel will sie auch kulturell als Großmacht gesehen werden.

Wieder blendet sie dabei die eigenen Unterlassungssünden aus. Hätte das Land sich nicht vierzig Jahre lang in Isolation geflüchtet und alles Westliche, ja überhaupt alles Ausländische verteufelt, so müsste es jetzt nicht derart forciert Anschluss an die Weltgemeinschaft suchen. Der Fetischismus um den UNESCO-Ehrentitel geht gar so weit, dass das Dorf Hallstatt im Salzkammergut, das ebenfalls als Weltkulturerbe firmiert, in Südchina komplett nachgebaut wurde.

Als ob man nicht genug eigene Schätze besäße. Etwa in Shanxi, der Provinz »westlich der Berge«. Sie ist Teil jenes riesigen Lössplateaus, das gern als Wiege Chinas apostrophiert wird. Die meisten Sehenswürdigkeiten hier sind älter als alles, was man in Peking zu Gesicht bekommt. Fünf Stunden dauert die Fahrt von dort nach Datong; für China fast noch Nahverkehr. Der Zug schlängelt sich durch ein labyrinthisches Mittelgebirge mit zahlreichen Brücken und Tunnels, mit grünen Schluchten, lehmigen Flüssen und kahlen Klippen. Eine ganz andere Szenerie als die fade Tiefebene, die man bei Reisen gen Osten oder Süden zu durchfahren hat.

Seit Jahren kursieren unter westlichen Journalisten Gerüchte über Höhlenbewohner in den Lösshängen. Wenn das keine Story ist! Sie stellen sich dabei haarige, grunzende Peking-Menschen vor, die Hirschkeulen überm Lagerfeuer rösten. Aber dort leben gewöhnliche Kleinbauern, arm zwar, doch weder elend noch unglücklich. Die Höhlen liegen auch nicht weiß Gott wo verborgen. Einige sieht man schon von der Bahnstrecke aus, und südlich von Taiyuan säumen sie gar die hochmoderne Autobahn. Manche davon dürften uralt sein, aber die meisten wurden erst vor fünfzig bis siebzig Jahren aus dem Lehm geschält. Innen bleibt es im Sommer angenehm kühl, und im Winter hält allein der Küchenherd sie warm. Bestimmt werden uns Architekten und Baubiologen Höhlenräume à la Shanxi demnächst als das Nonplusultra ökologischer Lebensart anpreisen. Haltet durch, Freunde! Bald werdet ihr als Pioniere gelten.

Wie die Armut, so liegt auch der Reichtum der Provinz nicht offen zutage, sondern steckt in der Erde: Kohle! Schon bei der Anfahrt begegnen einem immer wieder Güterzüge und Lkw-Konvois, beladen mit dem schwarzen Bodenschatz. Im Herzen des Reviers liegt dann Datong. Eine Industriestadt mittlerer Größe, mit einer guten Million Einwohnern im Stadtgebiet und weiteren zwei Millionen im Großraum. Sie hat das Flair einer Frontstadt. Peking ist weit, weiter als die paar Stunden Fahrt es vermuten lassen, während der wilde Westen Chinas spürbar näher scheint. In den Restaurants schmeißen die Leute die abgenagten Knochen auf den Boden, schlürfen löffelweise Essig als Lebenselixier, und in den wuchtigen Hotels, wo all die Funktionäre und Geschäftsleute absteigen, huschen nachts hübsche Mädchen über die Flure.

Es dürfte leichtere Jobs geben als den des Fremdenverkehrsdirektors einer solchen Stadt. Herr Sheng De-an behilft sich, indem er sich den Kadern aus der Energiewirtschaft angleicht: forsches Auftreten, volltönende Stimme, die gewaltigen Brillengläser wie Schilde vor den Augen. Datong hat Großes vor, doziert er. Es soll eine neue Altstadt bekommen. In China kein Paradox, sondern Usus. Datong besitzt längst keine Altstadt mehr, dafür hat Maos »Großer Sprung nach vorn« gesorgt. Nun zeigt sich, dass der alte Krempel doch etwas wert gewesen wäre. Also versucht man einen kleinen Sprung zurück. Bis vor zehn Jahren war die Stadtmauer ein krümelnder, mit Unkraut bewachsener Lehmwall. Mittlerweile ist sie komplett durch eine Ziegelmauer mit breiter Promenade, malerischen Wehrtürmen und flankierenden Parkanlagen ersetzt worden. Dass Datong ein derart luxuriöses Bollwerk niemals hatte, spielt keine Rolle – Hauptsache, es macht was her. Auch der Trommel- und der Glockenturm wurden reaktiviert. Wobei der Glockenturm noch stand, wenn auch schwer vernachlässigt. Der Trommelturm dagegen stand nicht mehr, und prompt widmet Sheng ihm bei seiner Präsentation erheblich mehr Aufmerksamkeit. Denn dabei handelt es sich um einen Neubau, und der genießt höheres Prestige.

Nostalgie ist dem chinesischen Denken weitgehend fremd; Entwickeln geht vor Bewahren. Dementsprechend wird Denkmalschutz hier nicht um seiner selbst willen betrieben, sondern als Mittel zum Zweck. Wenn er von Nutzen ist, wenn er etwas einbringt, indem er zum Beispiel Touristen anzieht, dann ja. Aber auch dann nur halbherzig. Es genügt die Rekonstruktion in groben Zügen, als Raubkopie vergangener Zeiten. Ein minuziös geplantes, vieltausendteiliges Puzzle wie die Dresdner Frauenkirche wäre in China undenkbar, schon weil es viel zu lange dauern würde und ungeduldige Häuptlinge ständig mit ihren launigen Weisungen dazwischenfunken würden.

Der amerikanische Geograf Max Woodworth beschreibt den Prozess so: »Um sich in einen Ort für geschichtsinteressierte Touristen zu verwandeln, reißt Datong den überwiegenden Teil seiner Altstadt ab und baut stattdessen eine aufpolierte Version seines ursprünglichen Selbst wieder auf.« Für Europäer ein schreiender Widerspruch, für Chinesen dagegen ein probates Vorgehen.

Ein paar Relikte einstiger Größe sind immerhin noch vorhanden. Die Mauer der Neun Drachen etwa, ein fünfzig Meter langes, mit glasierten Ziegeln verkleidetes Prunkstück, das sogar im Kaiserpalast in Peking nachgebaut wurde. Oder das Huanyansi-Kloster, eine stille Oase im Getöse der Stadt. Es stammt aus der Liao-Zeit, die 916 begann. Aus Peking kommend, stutzt man bei dreistelligen Jahreszahlen. Da fehlt doch was? Nein, da fehlt nichts, für Shanxi ist das kein Alter. Von der Baustelle nebenan dringen ungewöhnliche Geräusche herüber: Dort wird gehämmert und gesägt, dort wird mit Holz statt mit Stahlbeton gebaut. Die große Klosterhalle soll im alten Stil neu errichtet werden. Es ist die langsamste Baustelle Datongs.

Die schnellste ist das riesige Parkgelände am Ostrand der Stadt, das der Münchner Landschaftsarchitekt Christoph Valentien entworfen hat, dem Schanghai seinen neuen Botanischen Garten verdankt. Die Pläne für Datong umfassen, auf Weisung von oben, neben der eigentlichen Parkanlage auch einen Bergwald sowie einen Botanischen und einen Zoologischen Garten. Als Valentien kürzlich nach drei Monaten wieder nach dem Rechten sah, war schon die ganze Bergkette aufgeforstet worden. Und rund um das Huanyansi-Kloster ist binnen eines Jahres ein komplettes neues altes Stadtviertel im Stil der Ming-Dynastie herbeigezaubert worden. Ein »Stadtentwicklungsmuseum« präsentiert all die gigantischen Bauvorhaben, die unter Bürgermeister Geng Yan-bo schon bewerkstelligt wurden oder noch anstehen. Sie sollen das marode Industrierevier in eine cleane Vorzeigestadt verwandeln. Datong als Phönix aus der Kohlenasche.

Mittlerweile sehen ganze Straßenzüge aus wie ihre eigene Animation. Auf Authentizität nach westlichem Verständnis kann man sich dabei nie verlassen. »Alles sieht gleichzeitig alt und neu aus«, konstatiert Woodworth kopfschüttelnd. »Auch wenn viele der Neubauten durchaus gestalterische Qualitäten aufweisen, stellt sich in erster Linie ein Gefühl zeitlicher Verwirrung ein.«

Wer Richtung Süden fährt, kommt durch riesige Trabantenstädte, in denen die verdrängten Altstadtbewohner und die neue Mittelschicht unterkommen sollen. Mit extrabreiten Magistralen, verschnörkelten Laternen aus einer fiktiven Belle Époque und ganzen Bataillonen von Baukränen. Nach sechzig Kilometern erreicht man das »hängende Kloster« von Hunyuan. Wie Schwalbennester schmiegen seine Pavillons sich an die Felswand, getragen nur von dünnen Stützen, kaum stabiler als Essstäbchen. Die perfekte Kulisse für einen Fantasyfilm – aber aus dem sechsten Jahrhundert. Dahinter ragt der Gebirgszug des Heng Shan auf, einer der fünf heiligen Berge des Daoismus, garniert mit weiteren Klöstern und Tempeln.

Die Bahnlinie und die Autobahn führen über die Provinzhauptstadt Taiyuan bis nach Xi'an. Entlang der Strecke liegen weitere Attraktionen aufgereiht wie Perlen an einer Schnur. Die zauberhafte Klosteranlage von Jinci etwa, mit ehrwürdiger Patina und uralten Bäumen, stammt aus der Song-Dynastie, um das Jahr 1000 unserer Zeitrechnung. Die mittelalterliche Kleinstadt Pingyao, die mit einer wuchtigen Stadtmauer, martialischen Toren und verschachtelten Handelshäusern aufwartet, verlegt ihre Ursprünge gar zweitausendachthundert Jahre zurück. Höchst apart auch der Qiao Jia Da Yuan, eine klassische Kaufmannsresidenz, in der Zhang Yimou einen seiner besten Filme drehte: »Die Rote Laterne«. Ein aufwühlendes Kammerspiel – lang ist's her, inzwischen frönt er dem Machtrausch der Massenregie und huldigte bei der olympischen Eröffnungsfeier dem Ornament der Masse auf eine Art, dass Leni Riefenstahl ihre helle Freude daran gehabt hätte.

Von ähnlichem Charakter wie das Handelskontor, nur um ein Vielfaches größer, ist die trutzige Stadtanlage des Wang Jia Da Yuan, die sich in mehreren Segmenten über einen Hang erstreckt. Teils noch original erhalten, teils gerade rekonstruiert, gibt sie ein weiteres Beispiel für Chinas widersprüchlichen Umgang mit seinem Erbe ab. War der Komplex denn wirklich so groß? Lag er tatsächlich so malerisch hingebreitet da? Nicht unbedingt, erklären die Aufseher, aber so macht er mehr her. Auch Altes muss heutzutage neu sein, um in China etwas zu gelten.

Allein mit einer replizierten Altstadt und etwas frommer Landschaft aber könnte Herr Sheng wohl nur schwer internationales Publikum anlocken. Doch er hat noch einen Trumpf. Ausgerechnet Datong besitzt ein Kulturerbe von Weltrang: die Yungang-Grotten. Eine halbe Fahrstunde westlich der Stadt hausen die größten Höhlenbewohner Shanxis: achtzehn Meter hohe Buddhastatuen. Stoisch thronen diese Sitzriesen in ihren Lehmgewölben und blicken mit wehen Augen in die Zeit. Sie entstanden um das Jahr 500; fast noch Antike also. In einer Front reihen sich hier zweihundertfünfzig Grotten und Felsnischen aneinander, ausgeschmückt mit Abertausenden von Statuen und Statuetten. Zu ihren Füßen sind Kerzen, Blumen, Früchte und Räucherstäbchen drapiert, Opferstöcke erwarten milde Gaben.

Viertausend Kilometer entfernt, im afghanischen Bamiyan, ragten bis zu ihrer Zerstörung ähnliche Kolosse aus derselben Ära auf. Auch weit im Westen Chinas finden sich derartige Höhlentempel. Aber so weit im Nordosten, so nahe an Peking! Kaum vorstellbar, dass dieser riesige, schwer zu durchdringende Kontinent einmal eine derartige kulturelle Einheit aufwies, und dass Buddhismus in China einst Staatsreligion war. Heute ist es der Fortschritt, und dem hat selbst Buddha wenig entgegenzusetzen.

Bereits vor vierhundert Jahren wurden hölzerne Baldachine über einigen dieser Sitzriesen errichtet, um sie vor Verwitterung zu bewahren. Der Denkmalschutz kann also auf eine lange Tradition zurückblicken. Auch heute sind ausreichend Mittel dafür vorhanden; siebenhunderttausend Besucher im Jahr bringen zusätzliche Einnahmen. Doch mittlerweile krankt der Ort am eigenen Erfolg. Der Ansturm der Touristen droht vor allem die empfindlichen Malereien an den Höhlenwänden in Mitleidenschaft zu ziehen.

Ob das begehrte UNESCO-Prädikat die jeweiligen Stätten wirklich schützt? Es kann auch den gegenteiligen Effekt haben. In Friedenszeiten lässt es den Massentourismus auf ein Maß anschwellen, das die Substanz gefährdet. In Kriegszeiten kann es ebenfalls mehr schaden als nützen, indem der Gegner bewusst ein wertvolles und unersetzbares Symbol des Feindes aufs Korn nimmt, um ihn zu demoralisieren. In Syrien und im Irak musste die Welt dies ohnmächtig mitansehen. Auch in Bamiyan hat der Status des Welterbes das Taliban-Regime nicht davon abgehalten, als Vollstrecker einer islamischen Kulturrevolution die Felsstandbilder mit Raketenwerfern kurz und klein zu schießen. Im Ernstfall erweist sich die UNESCO als Papiertiger – sie verfügt weder über die Gebietshoheit noch über Sanktionsmöglichkeiten. Auch stellt sie selbst keine Kulturinstitution dar, sondern ein politisches Gremium. Abgesehen von den Posten und Pfründen für die Funktionäre der Mitgliedsstaaten ist ihr Nutzen nicht ohne Weiteres greifbar, bewegt er sich doch vornehmlich auf ideellem Gebiet.

Noch deutlicher wird dies beim immateriellen Kulturerbe. Diese Kategorie, die Bräuche, Tänze, Gesänge und verschiedenste Überlieferungen umfasst, wurde als Gegengewicht zu den vorwiegend steinernen Baudenkmälern geschaffen, bei denen der Westen lange dominierte. Während Deutschland dieser Konvention überhaupt erst vor wenigen Jahren beitrat und bislang nur anderthalb Einträge vorzuweisen hat, führt China die Liste seit je mit großem Abstand an; derzeit mit dreißig Einträgen.

Noch stärker als die han-chinesische Mehrheit schlagen hierbei die zahlreichen Minderheiten zu Buche: mit koreanischen Bauerntänzen, mongolischem Kehlkopfgesang, uigurischer Volksmusik, kirgisischen Epen und den Liedern südlicher Bergvölker wie der Dong. Wenn es ums immaterielle Erbe geht, präsentiert sich das Reich der Mitte eher als ein Reich der Ränder, dessen an der Peripherie beheimatete Minoritäten überproportional viel Kapital beisteuern.

Ein reizvolles Exempel bildet die Sparte der Epik. Zwar verfügt China selbst über eine reiche Tradition des Geschichtenerzählens; auch heute noch tingeln famose Barden über die Dörfer. Was es jedoch nicht hat, ist ein eigenes Epos, ein zentrales Heldengedicht. Was schon Hegel auffiel, der der chinesischen Epik in seiner Ästhetik gerade einmal drei Sätze widmete:

»Die Chinesen besitzen kein nationales Epos. Denn der prosaische Grundzug ihrer Anschauung sowie die für eigentliche Kunstgestaltung unzulänglichen religiösen Vorstellungen setzen sich dieser höchsten epischen Gattung als unübersteigbares Hindernis in den Weg.«

Prosaisch – das ist es. Mit einem Federstrich weist der Meisterdenker eine ganze Zivilisation in ihre Schranken. Vermutlich würde sich kein anderer Staat der Welt um Marginalien eines fremden Philosophen scheren. Die Chinesen aber wurmte die-ses Diktum gehörig, zumal es von einem Wegbereiter der kommunistischen Lehre stammt, von Marxens philosophischem Guru. Sie wollten diese Scharte auswetzen – aber wie? Das weiß schließlich alle Welt, dass es aussichtslos ist, einem deutschen Gelehrten widersprechen zu wollen. Ihre Analysen sind unfehlbar, ihre Urteile unumstößlich.

Wie praktisch, dass etliche Minderheiten über große Epen verfügen, von den Mongolen über die sibirischen Ewenken bis zu den Bergvölkern in Hunan. Die Krone dabei gebührt den Tibetern. Was die Chinesische Mauer für die Baumeister, ist das tibetische Epos von »König Gesar« für die Geschichtenerzähler: das Nonplusultra. Es hat etwa die zwanzigfache Länge der »Ilias«, der komplette Vortrag würde über eine Woche dauern. Dennoch gibt es einzelne Naturtalente, die das Ruhmeslied auswendig hersagen können, manche davon Analphabeten. Seine Ursprünge reichen bis in die schamanische Frühzeit zurück, als Kult und Kultur noch ungeschieden waren. In einem Großprojekt haben Wissenschaftler diesen epischen Kosmos in den vergangenen Jahrzehnten studiert und umfassend dokumentiert. Auch wenn die tibetische Saga nun bisweilen allen Ernstes als »chinesischer Gesar« präsentiert wird – der Dichtung selbst wie ihren Akteuren kann staatliche Anerkennung nur recht sein.

Und so mischt Chinas multikulturelle Nationalmannschaft im Medaillenspiegel ganz vorne mit. Entsprechend ist das kulturelle Erbe zunehmend en vogue. Großkonzerne wie BMW profilieren sich als Sponsoren, und inzwischen findet auch eine landesweite Messe für immaterielles Kulturgut statt. Glorreiches China! Mit jeder Sitzung des Welterbekomitees wird es, zumindest nominell, an Gewicht noch zulegen. Es kann schließlich aus dem Vollen schöpfen: die von China zusätzlich geführte nationale Liste des immateriellen Kulturerbes umfasst mehr als tausend Einträge!

Zurück in die Zukunft

Mythos Schanghai

Herr Wang ist gestorben, der alte, allzeit liebenswürdige Wang Fa-liang. Den sie immer dann in die Synagoge riefen, wenn ausländische Besucher mehr über die Schanghaier Emigration erfahren wollten. Erstaunlich rasch war er jedes Mal zur Stelle, der freundliche Rentner mit der Hornbrille, der Zeitzeuge vom Dienst. Er schaute über die schiefergrauen Dächer und die mit Wäsche beflaggten Hofgassen, in denen er aufgewachsen war. Ende 1938, da muss das angefangen haben mit den Ausländern. Erst kamen sie nur vereinzelt, doch bald schon in Scharen. Wie Blätter, die ein ferner Sturm vor eine fremde Tür geweht hat. Zehn lange Jahre sind sie dann geblieben.

Wang war als junger Mann Nachbar, zeitweise auch Angestellter jüdischer Familien gewesen. Sie waren anders als die Ausländer, die Schanghai bisher kannte, denn sie waren arm. Sonst wären sie nicht nach Hongkew gezogen, wie der Bezirk Hongkou damals hieß, sondern in die Französische Konzession oder die Internationale Niederlassung. Beide Zonen hatte Japan bei der Invasion Chinas 1937 noch ausgespart. Von Hongkew dagegen blieben nach der Schlacht um Schanghai nur Ruinen. Die Ohel-Moishe-Synagoge überdauerte zufällig; seit einigen Jahren dient sie nun als Gedenkstätte. Bis zum Schluss begleitete Wang von hier aus ehemalige Emigranten und deren Nachfahren durchs Viertel. Mitunter bekamen sie dabei feuchte Augen. Dort stand meine Schule, dort das Spital. Hier also haben die Eltern gehaust, hier hatte die Tante ihre Bäckerei, dies war das berüchtigte Gefängnis.

Was hatte sie ausgerechnet nach Schanghai verschlagen? In diesen Moloch am anderen Ende der Welt, Gangsterstadt und Sündenpfuhl, geprägt von einem mörderischen Klima und einer kaum begreiflichen Kultur? Als sich nach den Pogromen 1938 nahezu alle infrage kommenden Länder hinter bürokratischen Barrikaden verschanzten, blieb als letztes Schlupfloch nur die ferne Hafenstadt im Jangtse-Delta. Zu viele und zu verschiedene Mächte rivalisierten dort um die Vorherrschaft, sodass es keine Zentralgewalt gab, die ein Visum verlangt hätte. Es existierte kein entsprechendes Formular, und das rettete achtzehntausend Menschen das Leben.

Die dreiwöchige Schiffspassage verschaffte ihnen zumindest eine Atempause. Umso härter war dann der Schock bei der Ankunft. »Ich wäre die glücklichste Frau der Welt, wenn ich wieder nach Europa könnte« – solche Stoßseufzer finden sich in vielen Briefen. Es waren Menschen aus der Mitte der Gesellschaft, Lehrer, Ärzte, kleine Geschäftsleute. Zunächst kamen sie in überfüllten Wohnheimen unter, wo die Schwächsten dann oft all die Jahre lang hausten. Von den übrigen aber wurde erwartet, dass sie sich eine Bleibe suchten.

In kleinen Ladenlokalen zu ebener Erde öffneten Feinkostgeschäfte, Herrenschneider, Putzmacherinnen und Modesalons. Restaurants wie das »Delikat« offerierten »hausgemachte Mehlspeisen und beste

Wiener Küche«. Der »Fiaker« versprach die köstlichste Sachertorte außerhalb Wiens, während das koschere »Tel Aviv« auf zionistische Verheißungen setzte. Der »Palm Garden« verpflanzte ein Stück Grinzing nach Schanghai, indem er noch in der größten Hitze zum Heurigen lud, und das nahe »White Horse« beschwor verlorene Operettenseligkeit. Seit 2016 knüpft ein Café gleichen Namens wieder an diese Ära an. Neben den Mitteleuropäern lebten auch einige arme Russen in der Nachbarschaft, und natürlich Zehntausende von Chinesen. Kleine Leute zumeist, Werftarbeiter, Straßenhändler oder Handwerker, viele selbst vom Krieg entwurzelt.

Sie betrachteten ihre neuen Nachbarn zunächst weder als Juden noch als Flüchtlinge. Es war einfach eine weitere Gruppe von Ausländern, mit der man sich zu arrangieren suchte. Der Kontakt blieb auf das Nötigste beschränkt. Viele der Versprengten aßen in all diesen Jahren nicht ein einziges Mal chinesisch. Geschweige denn, dass sie sich hier verliebten. Während heute kaum ein westlicher Gast in Schanghai lange allein bleibt, schien eine solche Verbindung für die mittellosen und verstörten Emigranten undenkbar. Herr Wang und Frau Zhang haben deren Welt so wenig verstanden wie Silberbergs und Löwenthals die ihre.

Dennoch schlägt dieses Kapitel heute eine Brücke zwischen Ost und West. Zu keiner Zeit lebten so viele Deutsche und Österreicher in China wie damals; erst heute werden wieder ähnliche Größenordnungen erreicht. Die jeweiligen Generalkonsulate haben denn auch maßgeblichen Anteil an der sehr europäischen Erinnerungskultur, die sich rund um die

Synagoge manifestiert. Unterstützung kam zudem aus Israel. Denn zu keiner Zeit lebten auch so viele Juden in China wie damals; viele von ihnen gingen nach dem Krieg nach Palästina. Die heute in Schanghai bestehende jüdische Gemeinde besitzt dagegen keine Verbindung zur Emigration. Sie besteht vor allem aus Geschäftsleuten, die für ein paar Monate oder Jahre aus Nordamerika, Israel oder Europa gekommen sind, einige auch aus Südafrika und Südamerika. Verwundert streifen sie dann durchs alte Flüchtlingsviertel, das mal als Ghetto und mal als chinesisches Schtetl firmiert.

Die erste hiesige Synagoge war 1887 eingeweiht worden. Die meisten der vielleicht achthundert alteingesessenen Juden waren britische Staatsbürger gewesen. Wie alle »feindlichen Ausländer« wurden sie 1943 interniert und hatten noch schlechtere Lebensbedingungen zu ertragen als ihre mitteleuropäischen Glaubensgenossen, die gerade dadurch geschützt waren, dass die Japaner sie unbeirrbar als Deutsche ansahen. Eine weitere Gruppe bildeten die vier- bis fünftausend russischen Juden, meist Revolutionsflüchtlinge. Als dritte Gruppe trafen dann sechzehn- bis siebzehntausend Emigranten aus Deutschland und Österreich ein, einschließlich einiger Hundert getaufter Juden oder christlicher Ehepartner sowie einzelner Familien aus osteuropäischen Ländern. Als vierte Gruppe langten 1941 noch rund tausend polnische Juden in Schanghai an. Darunter eine komplette Talmudschule, deren Studenten und Rabbiner mit der Transsibirischen Eisenbahn entkommen konnten. Es war die einzige Jeschiwa, die dem Holocaust entrann.

Nach dem Krieg machten sich die meisten Flüchtlinge auf nach Amerika, Australien oder Israel. Etwa ein Fünftel kehrte zurück nach Europa. Einige Hundert aber wollten in China bleiben. Sie hatten sich geschäftlich etabliert, hatten Freunde gefunden, vereinzelt auch Lebenspartner. Doch auch sie mussten 1949 gehen, die Kommunisten duldeten keine lästigen Zeugen. Viele von ihnen trugen dann zum steilen Aufstieg Hongkongs bei, Schanghai dagegen verfiel in Lethargie.

Herr Wang ist gestorben, der treue, allzeit ansprechbare Wang Fa-liang. Doch noch immer leben Zeugen jener Zeit in Hongkou. Man braucht nur durch die Hofgassen oder den kleinen Park zu streifen, wo Mütter ihre Söhne im Kinderwagen herumschieben und Söhne ihre Mütter im Rollstuhl. Die Alten hätten viel zu erzählen, doch niemand fragt sie danach. Nicht die Ausländer, die auf Spurensuche umherirren, denn sie können sich nicht verständigen. Nicht die Chinesen, denn die rühren ungern an alte Geschichten. Wenn sich heimische Historiker und Publizisten des Themas annehmen, käuen sie lieber die Berichte westlicher Zeitzeugen wieder, als dass sie vor ihrer Haustür recherchieren würden. Und wenn doch einmal eine heimische Stimme gefragt war, gab es ja Herrn Wang, den guten, stets dienstbeflissenen Wang Fa-liang. Wohl ohne es selbst zu wollen, hatte er die Rolle des Zeitzeugen auf chinesischer Seite monopolisiert. Geschichten von früher? Fragen Sie Opa Wang! Als hätten all die Flüchtlinge nur diesen einen Nachbarn gehabt.

Auch wenn das Metier des Geschichtenerzählens in China ausgesprochen lebendig geblieben ist – die Schule der Oral History blieb den akademischen Zirkeln fremd. Wer sich an die Fersen der Emigranten hängt, dem winken prestigeträchtige Reisen und gefahrlose Veröffentlichungen. Nach Hongkou dagegen kann man mit der U-Bahn fahren, nur um dann mit kleinen, vermeintlich unbedeutenden Leuten zu sprechen. Und die haben auch in China keine Lobby.

Als wir hier 2003 für »Letzte Zuflucht Schanghai« recherchierten, lebten noch erfreulich viele Zeitzeugen in jenen Quartieren, die den Emigranten als Zuhause gedient hatten. Selbst heute lassen sich noch welche finden. Frau Zhang Xiao-ni etwa, Jahrgang 1931, eine zierliche, energische Dame im leichten Blümchenkleid. Ob sie noch die alten Straßennamen parat habe? Aber selbstverständlich: Ward Road, Baikal Road, Wayside Road. Sie weiß auch ein paar Briefkästen, an denen noch verblichene deutsche Namen stehen. Die Zhangs besaßen eines jener unscheinbaren Häuser, die damals zu Tausenden die Gassen säumten. »Erst haben wir das Obergeschoss an eine deutsche Familie vermietet, dann das Zwischengeschoss. Und schließlich sind wir zu Verwandten gezogen, um auch noch unsere Ladenwohnung zu vermieten.« Chinesen begegneten den Emigranten im Alltag als Nachbarn und Hausbesitzer, als Händler und auch als Kunden auf dem Markt, gelegentlich auch bei kleinen Geschäften. Einen Chinesen indes kannten alle: den Klosettmann. Jeden Morgen zog er mit seinem Karren durch die Gassen und leerte die hölzernen Klokübel, deren Inhalt er dann als »Nachterde« an die Bauern der Umgebung verkaufte.

Mit den letzten Zeitzeugen verschwinden nun auch ihre Behausungen. Bis vor Kurzem war das Labyrinth der Hofgassen erstaunlich gut erhalten geblieben. Doch nun wird Hongkou als letztes innerstädtisches Viertel umgekrempelt. Ein paar Straßenzüge rund um die Synagoge sollen wohl bewahrt werden, alles Übrige ist schon nicht mehr wiederzuerkennen.

Motor dieser Dynamik ist das neue Kreuzfahrtterminal am Huangpu-Fluss. Mit ihm will die Stadt an die Hochkonjunktur der Vorkriegsjahre anknüpfen, als internationale Luxusliner hier jährlich vierzigtausend Passagiere anlandeten. Die Abschottungspolitik der Kommunisten brachte den Tourismus dann gänzlich zum Erliegen. So geht das häufig in China: Was als Durchbruch gefeiert wird, ist in Wahrheit ein alter Hut. Vieles erscheint nur deshalb neu, weil es ein oder zwei Generationen früher kaputtgemacht wurde.

Nun kommen also wieder Schiffe in die Stadt. Mächtig große, leuchtend weiße, unwiderstehlich romantische Kreuzfahrtschiffe. Mit denen die Chinesen jedoch noch wenig anzufangen wissen; zwei Drittel denken dabei als Erstes an die »Titanic«. Kreuzfahrten besitzen hier keinerlei Tradition, sodass die Reedereien die Leute erst einmal auf den Geschmack bringen müssen. Und so versuchen sie, einem Volk maritime Kultur zu vermitteln, das mit historischer Wasserscheu geschlagen ist.

Rund um das grün schillernde, wie ein riesiger Wassertropfen geformte Terminal wächst derzeit eine neue Skyline. Hongkou wandelt sich vom Hinterhof zur ersten Adresse. Mit der Ungeniertheit des

Parvenüs nennt sich der neue Uferabschnitt North Bund. Noch zwei Kilometer vom Fluss entfernt nutzen Geschäfte und Büros dieses glamouröse Etikett. An der Uferpromenade entstehen Hotels und Bürokomplexe, ein Autotunnel und zwei neue U-Bahn-Linien. Gleichzeitig gibt Hongkou sich ein neues Image als Schanghais »Tor zur Welt« und als »Kulturbezirk«. Anstelle der dürftigen Häuschen wachsen zwanzig- bis dreißigstöckige Apartmenttürme empor, und statt Kramläden und Garküchen ziehen Biomärkte und Boutiquen in die Sockelgeschosse ein.

Die Vergangenheit hat dort eine Chance, wo sie Profit oder Prestige verspricht. So hat unweit der Synagoge ein glamouröses Varieté namens »The Pearl« aufgemacht, das mit Jazz und Cabaret den Mythos der dreißiger Jahre beschwört. Ganz in der Nähe erhebt sich ein wuchtiger Komplex, der schlicht nach seinem Baujahr benannt wurde: 1933. Es handelt sich um eines der bedeutendsten Beispiele der architektonischen Moderne in Schanghai – den alten Schlachthof. In seine kühnen Betongewölbe sind Designerbüros, Modeschöpfer und Medienfirmen eingezogen, kultige Restaurants und trendige Boutiquen. Einmal mehr erfindet die Stadt sich hier neu.

In jedem Jahr wachsen ausgerechnet auf ihrem schwankenden Schwemmlandboden fünfundsechzig Wolkenkratzer in den Himmel. Oder sind es mittlerweile fünfundsiebzig? Fünfundachtzig? Mit Statistiken ist Schanghai kaum beizukommen, versuchen sie doch, die Gegenwart zu erfassen. Aber die ist hier immer schon passé. Heute schreiben wir morgen. Es gibt Städte, die leben auf der Höhe ihrer

Zeit. Und es gibt Schanghai, das lebt auf der Höhe der Zukunft.

Zumindest sieht es sich so am liebsten, und so, als Weltwunder und Megametropole, wird es auch in den westlichen Medien bevorzugt porträtiert. In der Tiefe aber lässt sich eine Gegenströmung ausmachen: der Hang zum Gestern, die Suche nach der verlorenen Zeit. Hotellegenden wie die Broadway Mansions, das Astor House oder das Park Hotel führen wieder ihre alten Namen. Die Nostalgietouristen kommen in Scharen, und Schanghai wäre nicht Schanghai, würde es daraus kein Kapital schlagen.

Zum Pflichtprogramm gehört die Promenade am Bund (sprich: Band). Ein Lehnwort indischen Ursprungs, wie etwa auch Bungalow, das mit den Engländern nach China kam. Beiderseits der Garden Bridge, deren stählerne Arkaden Hongkou an den Bund anschlossen, lag das politische Zentrum der Stadt. Mehrere ausländische Vertretungen zeigten hier Flagge, darunter auch das deutsche Konsulat. »Eine Stadt, die zu keinem Land gehört«, notierte Peter Fleming damals. Der französische und der britisch dominierte internationale Sektor besaßen exterritorialen Status. Groß-Schanghai, das sowohl die Altstadt als auch ausgedehnte Wohn- und Industriegebiete umfasste, unterstand direkt der Zentralregierung, ab 1938 dann der japanischen Besatzung. Ansonsten aber überließ man Politik seit jeher Peking oder Nanking – Schanghai hatte Besseres zu tun. Dieses Selbstverständnis verlor es selbst während der Kulturrevolution nicht, als der Bund zum Revolutionsboulevard erklärt wurde. Gegenwärtig fällt die Stadt ins andere Extrem, will ihn gar dem

Weltkulturerbe zuschanzen lassen, ungeachtet der Tatsache, dass viele seiner Prachtbauten ausgeweidet oder bis zur Unkenntlichkeit zweckentfremdet worden sind.

Diese steinerne Apotheose des Kapitals wurde vor hundert Jahren fast komplett neu errichtet. Die Immobilienpreise hier lagen höher als in London oder New York, und auch architektonisch wollte man die Mutterländer übertrumpfen. Größe ging dabei vor Geschmack, Opulenz vor Genie. Monumentaler Neoklassizismus und kitschige Stilmischungen gaben auch dann noch den Ton an, als sich im Westen längst Reformbewegungen durchgesetzt hatten. Reform aber, das war in Schanghai generell ein Fremdwort, das wäre dem mühsam bewahrten Ungleichgewicht nur abträglich gewesen.

Das markanteste Gebäude am Bund war und ist Sassoons Cathay, das spätere Peace Hotel, das mit seinem spitzen grünen Dach wie eine Rakete aufragt und seit 1929 als Wahrzeichen und Wegmarke dient. Die Sassoons galten als die Rothschilds des Fernen Ostens. Sir Victor war vor allem im Geschäftsleben und als Baulöwe aktiv. Er trug ein Monokel und einen Schnauzbart, stand im Ruf eines launischen Tyrannen und imitierte die Lebensart des britischen Hochadels mitsamt seinen Spleens und Statussymbolen. Die Gemächer des Cathay waren mit persischen Teppichen ausgestattet, mit Lalique-Glas und golddurchwirkten Vorhängen. Als Vorbild für Vicki Baums »Hotel Shanghai« hat es literarische Unsterblichkeit erlangt.

Will man es besuchen, erlebt man erst einmal eine Überraschung. Denn die prächtige Drehtür zum Bund hin ist mit einer schweren Kette versperrt. Welches Hotel in Paris würde seine Tür auf die Champs-Élysées verbarrikadieren? Welches in Wien den Ausgang zur Ringstraße? Kopfschüttelnd streben die Gäste den Seiteneingängen zu.

Niemand hat eine Erklärung dafür. Wegen des ungünstigen *Feng Shui*, vermutet die Hausdame – was freilich sämtliche Nachbarn nicht daran hindert, ihre Tore zum Bund zu öffnen. Weil Victor Sassoon es so wollte, glaubt der Concierge – als ob irgendjemand sich nach dessen Wünschen richten würde. Es weiß auch niemand, wer den Schlüssel für die Kette hat.

Was aber, wenn es sich gar nicht um eine Tür handelte? Zumindest nicht in den gängigen drei Dimensionen – aber vielleicht in der vierten? Wenn wir hier vor einer verkappten Zeitmaschine stünden, einem Rotor, der uns zurück in eine andere Ära schaufelte? In die Kinderjahre von Herrn Wang und Frau Zhang?

1935 überquerte Vicki Baum in mehrwöchiger Passage den Pazifik. Nach dem Welterfolg von »Menschen im Hotel« hatte sie keineswegs vor, eine weitere Hotelgeschichte zu schreiben. So wenig wie sie vorhatte, einen Schanghai-Roman zu schreiben. Sie machte nur zwei, drei Tage Station und ließ sich die Stadt zeigen, ohne recht mit ihr warm zu werden. Zu laut, zu schmutzig, zu fremd. Am Abend traf sie den Arzt und Schriftsteller Max Mohr im Ballsaal des Cathay und ließ sich von ihm auch gleich gegen Cholera impfen. Sie kannten einander aus jener Zeit, als beide noch für Ullstein schrieben. Aus Würzburg stammend, gehörte Mohr zu den ersten Emigranten am Huangpu. Er versuchte vergeblich, sich so weit zu etablieren, dass Frau und Tochter nachkommen könnten. »Jetzt werden ein paar dreckige Wochen zu überstehen sein«, schrieb er ihnen. »Ich rechne jeden Pfennig aus. Annoncen, Messingtafel, Miete, Wäsche, Instrumente, die zwei Bambusbetten, alles zusammen circa zehn Mark. Und noch einiges fürs Wartezimmer. Ich muss nächste Woche ein paar hundert Mark pumpen. Weiß nur noch nicht wo.« Während er selbst sich erfolglos mit einem Roman mühte, sollte er beträchtlichen Anteil an Vicki Baums nächstem Coup haben.

Wie alle Besucher aus dem Fernen Westen zeigte sie sich von den grellen Widersprüchen zugleich schockiert und fasziniert. »Diese hoffnungslose Schweinerei, China. Dieses herrliche Land, China...« Dann bestieg sie das nächste Schiff nach Hongkong. Drei Jahre später aber widmete sie Schanghai sechshundert Seiten. Das nennt man Chuzpe. Eine rekordverdächtige Ausbeute für drei Tage, an denen sie noch nicht einmal bewusst recherchiert hat. Veni, Vidi, Vicki!

Was hatte diesen Sinneswandel bewirkt? Was war geschehen in Schanghai, dass sie ihm nun einen korpulenten Roman widmete?

Über China war der Krieg hereingebrochen. Nachdem Japan zuvor schon in der Mandschurei Fuß gefasst hatte, versuchte es ab Juli 1937, die gesamte Küste unter Kontrolle zu bringen. Hundert- bis zweihunderttausend Chinesen und etwa vierzigtausend Japaner fielen der Schlacht um Schanghai zum Opfer. Westliche Ausländer blieben dagegen weitgehend verschont. Etliche von ihnen haben diese abgründig schizophrene Lage anschaulich beschrieben. So etwa Jean-Charles de Watteville, Delegierter des Internationalen Komitees vom Roten Kreuz: »Weniger als eine Meile von meinem Hotel hagelt es Bomben und Granaten, und es gibt nur mehr Ruinen. Während unter meinem Fenster die Verkehrsströme einer Dreimillionenstadt rauschen und ich den Leuten beim Golfspiel und beim Fußball zuschauen kann. Bei Nacht ergänzt Flugabwehrfeuer die Leuchtreklamen.«

Vicki Baum war nicht die einzige Autorin, die sich von diesem martialischen Schauspiel angezogen fühlte. W. H. Auden und Christopher Isherwood etwa machten sich wissbegierig auf zur Reise in einen Krieg: »Noch schlägt der Puls der alten Zeit in Shanghai, doch es scheint dem Untergang geweiht. Wie eine Uhr, die jemand in der Wüste liegengelassen hat.« Und Emily Hahn berichtete im *New Yorker* mit der ihr eigenen Mischung aus Kaltschnäuzigkeit und Koketterie: »Wir verfolgten die Ereignisse, als handelte es sich um einen Roman.«

Einige Ausländer aber kamen doch ums Leben. Am 14. August attackierten chinesische Flieger das japanische Flaggschiff, das direkt vor der Kulisse des Bund lag. Statt über den Fluss gingen die Bomben jedoch versehentlich über dem Cathay und dem benachbarten Palace Hotel nieder sowie über dem weiter stadteinwärts gelegenen Vergnügungspalast Great World. Nicht an der Front also, sondern mitten in der vermeintlich sicheren Internationalen Niederlassung.

In Kalifornien las, nein überflog Vicki Baum die Zeitungen. Von »neun Toten« war die Rede. Dass es sich dabei lediglich um die ausländischen Opfer handelte, und dass durch die fehlgeleiteten Bomben auch fast tausendsiebenhundert Chinesen umgekommen waren, das entging ihr offenbar. Doch schon kam ihr eine dramaturgische Idee. Wie wäre es, Bericht zu geben »über die Wege, die diese neun Menschen nach Shanghai brachten, über den Verlauf ihres Lebens und über die Stunde ihres Todes«? Gesagt, getan. Innerhalb eines Jahres schrieb sie »Hotel Shanghai«, halb auf Deutsch und halb auf Englisch. Im ersten Teil entrollt sie die Lebensgeschichten ihrer Protagonisten. Einer davon ist Doktor Hain aus Frankfurt, der sich vergebens müht, in China zu reüssieren und seine Frau nachzuholen. Für ihn hat Max Mohr sichtlich Pate gestanden. So wie der hochbegabte, aber übermäßig sensible und drogensüchtige Klavierspieler Kurt einem anderen Freund nachgebildet ist: Klaus Mann. Zehn Jahre zuvor hatte er mit Schwester Erika selbst noch am Huangpu Station gemacht.

Nachdem sie ihre Figuren der Reihe nach in Schanghai etabliert hat, verknüpft die »erstklassige Schriftstellerin zweiter Güte« (Baum über Baum) ihre Lebensfäden zu einem kunstvollen Romanteppich. Jeder dieser Menschen ist an einem anderen Ort zur Welt gekommen, jeder zu einer anderen Zeit. Sterben werden sie alle am selben Tag und am selben Fleck.

Zur eigentlichen Heldin des zweiten Teils wird die Stadt selbst. Zu einer monströsen, garstigen Heldin freilich. »Shanghai ist keine Stadt«, bekennt verbittert Doktor Hain, »Shanghai ist ein Gift. Wer hierherkommt, hat seinen Knacks weg, und Shanghai erledigt den Rest.« Endzeitstimmung und Zynismus machen sich breit. Der Barmann des Hotels bringt das vorherrschende Lebensgefühl zum Ausdruck: »Vorige Woche hat sich einer auf der Herrentoilette erschossen. Letztes Jahr ist ein betrunkenes Paar vom Dachgarten gefallen, achtzehn Stockwerke. Und die Weiber! Und die Männer! Und die Kombinationen! Eine gottlose Stadt, Sir, die nicht einmal an den Teufel glaubt.« Am Ende bricht die Bombe wie ein Strafgericht über diese Welt herein – der Untergang von Schanghai und Gomorra.

Auch wenn das Cathay nun in neuem Glanz erstrahlt, im Grunde hat es sich nie von der Katastrophe des Krieges erholt. Nach Maos Machtübernahme wurden zunächst Soldaten einquartiert, dann Bauern aus der Provinz, damit sie einmal im Leben Luxus kosteten. Das Haus wurde mit dem Palace zusammengelegt und firmierte fortan als Peace Hotel. Der Name klingt nach Kaltem Krieg, und tatsächlich verdankt er sich einer kommunistischen »Friedenskonferenz« während des Koreakriegs.

Da Touristen und Geschäftsleute nun gänzlich ausblieben, versank das Hotel in Agonie. Nach allerhand Umbauten war es schließlich kaum mehr wiederzuerkennen. Gäste aus den achtziger Jahren erzählen, dass auch schon mal Ratten unbehelligt durchs Restaurant schnürten. Während viele Einrichtungsstücke verschwanden, wurde eine Antiquität in jenen Jahren neu geschaffen: die Old Jazz Band, die den Swing der Nachkriegsjahre konservierte. Sie tritt bis heute auf, auch wenn nur mehr zwei ihrer Begründer am Leben sind.

Vor einigen Jahren wurde das Haus nun nach

weitgehend stilgetreuer Renovierung wieder eröffnet. Das Mezzanin – manche Worte gehörten selbst unter Denkmalschutz – beherbergt ein historisches Kabinett. Dessen wichtigstes Exponat der Galerist selbst ist: Ma Yong-zhang, mit fünfzig Dienstjahren der gute Geist des Grandhotels. Ein schlanker, soignierter Herr, Garderobe comme il faut, das zuvorkommende Lachen immer bereit. Im Laufe der Jahre hatte er fast alle Positionen einmal inne, »außer Generaldirektor und Friseur«. Begonnen hat er als Liftboy. Verwundert vernimmt man, dass er dieses Metier drei Jahre lang bei einem »Meister« lernen musste, der schon unter Sassoon im Hause war. Ob denn die Fahrstühle so kompliziert seien? »Das nicht. Aber diese Aufgabe kann man so oder so erfüllen. Und mein Lehrer hatte hohe Ansprüche.« Weshalb Herr Ma die Gäste bis heute in allen Sprachen begrüßen kann, die damals kursierten: Englisch, Französisch, Deutsch, Japanisch, Russisch, Holländisch, Portugiesisch …

Schon durch seinen Namen scheint er zum Hüter der Memorabilien wie geschaffen: Yong heißt so viel wie unvergänglich, Zhang verweist auf Geschriebenes, etwa einen Bogen Papier. Sodass man ihn mit »immerwährende Schrift« übersetzen könnte. Die Vitrinen bergen Tafelsilber, Kristallgläser mit dem Monogramm »C.H.« und allerhand Chinoiserien. Zwischen der englischen Speisekarte von 1948 (kalte Vichyssoise – Riesengarnelen à la Parisienne – Ochsenzunge – Erdbeertorte) und den russischen Kofferanhängern von 1952 klafft ein historischer Abgrund. An den Wänden prangen Fotos all der Berühmtheiten, die hier abgestiegen sind, von Charlie Chaplin und Marlene Dietrich bis hin zu den Clintons.

Doch allen nostalgischen Anwandlungen zum Trotz wird Geschichte in Schanghai oft nicht als Reichtum, sondern als Hypothek empfunden. Weit davon entfernt, seine einstige Position wieder einzunehmen, wird das Cathay prompt als »Großvaters Hotel« geschmäht; die heimische Klientel wünscht kein Museum, sondern modernistischen Pomp und synthetischen Luxus à la Pudong. Kaum hat sich Phönix aus der Asche erhoben, will er nichts mehr von seiner letzten Inkarnation wissen.

Bei Vicki Baum ist nachzulesen, wie der stolze Vogel verbrannte. Mit unwiderstehlicher Macht steuert ihr Roman auf diesen Schlusspunkt zu: »Dann schlug die Bombe ein, sie zerriß das Haus, begrub die Menschen und setzte ein Ende zu Angst und Schrecken und Glück und Haß und Leben. Und nichts mehr bleibt von denen zu berichten, die wir bis hierher begleitet haben, als die Minute ihres Sterbens.«

Die Wirklichkeit stand ihrer Erfindung nicht nach. Zu den realen Opfern gehörte etwa ein amerikanischer Student, der erst am Vortag vom Astor House ins Palace gezogen war, in vermeintlich sicherem Abstand zur Front. Ein weiteres, zumindest indirektes Opfer war Max Mohr. Geschwächt durch unentwegte Hilfseinsätze und das »höllische Rettungswerk« starb er wenig später an Herzversagen in einem Taxi.

Wohl selten war ein Roman bei seinem Erscheinen so aktuell wie dieser. Als er 1939 herauskam, rollte die große Flüchtlingswelle gerade erst an. Zu einem der wichtigsten Helfer wurde Sir Victor Sassoon. Im Cathay bot er dem Emigrantenkomitee Büroräume an, und in der angeschlossenen Gebrauchtwarenhandlung konnten die Hotelgäste bald Meißner Porzellan, Rheinisches Tafelsilber, Zeiss-Kameras und Goethes Gesammelte Werke erstehen, die die Flüchtlinge zu Geld machen wollten. Vor allem aber stellte er das Embankment Building als Wohnheim zur Verfügung, damals der größte und modernste Apartmentkomplex Schanghais. Als der Krieg und die japanische Besetzung die Stadt in eine Rezession stürzten, überließ Sassoon es den Flüchtlingen.

Fast alle verbrachten hier ihre ersten Tage, bis sie sich beklommen in Hongkou einrichteten, in der Nachbarschaft der Wangs und Zhangs. Sie sahen einer gänzlich ungewissen Zukunft entgegen. Doch wenigstens, Schanghai sei Dank, überhaupt einer Zukunft.

Danksagung

Vorstufen oder Auszüge der aufgenommenen Geschichten erschienen unter anderem in der *Frankfurter Rundschau*, im *Tagesspiegel*, auf *stern.de*, in der *Zeit*, in *Geo Saison* und in *Terra Mater*. Allen Beteiligten bin ich für die gedeihliche Zusammenarbeit verbunden.

Von Herzen Dank an: Till Bartels, Jürgen Blume, Christiane Breustedt, Chu Dan-dan, Gottfried Derka, Lisa Eder, Gertraud Flegler, Josef Goldberger, Alice Grünfelder, Gabi und Albrecht von der Heyden, Peter Hibbard, Henry Hong, Tess Johnston, Johannes Küchler, Tilman Lesche, Lernidee Reisen und Frank Steinhoff, George Lindt und Susanne Messmer, Margot Litten, Lin Ru-tao, *M on the Bund*, Nicko Cruises, Ulrich Maeder und James Huang, Anike Müller, Martin Müller, Aurel von Richthofen, Wolfgang Röhr und Silvia Kettelhut, die Shangri-La Hotels, Michael Skupin, Song Xin-yan, Sun Jia-rong, Wang Fa-liang, Wen Xue-chun und die *Commercial Press*, Isabel Wolte, Wu Hui, Xinran, Xu Wei-chao, Yin Fang, Zhang Man-tang Fu Zi.

Liu Guo-sheng von China Tours verdanke ich den Hinweis auf das Fest der Erzähler und die Reise nach Datong. Wenn jemand wie er auch nach Jahrzehnten noch eine solch unstillbare Neugier auf die eigene Kultur an den Tag legt, dann muss das schon ein ganz besonderes Land sein.